Les Secrets les plus cachés
de la Philosophie des Anciens

Copyright © 2018

Éditions Unicursal Publishers
www.unicursalpub.com

ISBN 978-2-924859-75-9

Première Édition, Litha 2018

Tous droits réservés pour tous les pays.

CROSSET DE LA HAUMERIE

Les secrets les plus cachés de la philosophie des anciens découverts et expliqués à la suite d'une histoire des plus curieuses par M. Crosset de la haumerie

∽∾

1772

L'auteur de ce livre hermétique des plus intéressants serait un sieur de Colonne qui y raconte les opérations faites par un suisse appelé Diesbach, *auxquelles il se trouva mêlé, et dont quelques unes eurent lieu sous les yeux du duc de Richelieu. — Il expose clairement toute la doctrine spagyrique sans faire le moindre mystère des arcanes que les vieux alchimistes ont plus cachés que dévoilés.*

PRÉFACE

Comme je n'ai eu d'autre motif que d'obliger le Public, en lui faisant part des Curiosités que contient ce petit Ouvrage ; je ne me suis pas attaché trop scrupuleusement à le remplir de ces beaux termes dont la Langue Française est ornée aujourd'hui, ni à former ces brillantes phrases, qui donnent à la vérité plus de grâce à un discours, mais qui n'augmente en rien à l'essence du sujet que l'on traite. J'espère cependant que quoiqu'il ne s'y rencontre pas ce pompeux arrangement de mots, le Lecteur ne se repentira pas d'avoir donné quelques heures d'attention à une Histoire qui renferme tant et de si surprenantes opérations, telles que je suis certain qu'aucun Philosophe ancien ni moderne n'en a écrit de semblables et qui ne seraient jamais venues la connaissance de personne, si je n'avais pris le soin d'en faire un recueil d'autant plus curieux qu'il est très exact, dans le temps même que ce Philosophe les faisait, afin de soulager ma mémoire, et ne rien laisser échapper de coures les choses merveilleuses que je rapporte, qu'il a quasi toutes faites en ma présence : la vérité y est toute entière, dans y avoir rien ajouté.

À l'égard des Traités qui suivent, je ne me serais pas déterminé à les mettre sous la presse, si, quelques uns de mes amis ne s'étaient servis de l'ascendant qu'ils ont sur moi, pour m'y obliger. Je souhaite que les Curieux et les initiés dans les principes y trouvent quelque chose qui leur fasse plaisir ; et que ceux qui ne regardent la lecture que comme un amusement ne s'imaginent pas d'avoir perdu leur temps que de l'avoir employé à les lire. Quoiqu'il en soit, j'ose me flatter que les uns et les autres se sentiront excités à s'approcher de la Nature plus près qu'ils n'ont fait, se voyant convaincus par des raisonnements incontestables que c'est par les méditations que l'on fait sur ce grand spectacle, qu'on acquiert les vraies lumières, et que lui seul en mérite une perpétuelle avec d'autant plus de raison, que nous ne pouvons l'étudier sans en reconnaître l'Auteur : de sorte que les réflexions que cet étude occasionnera de faire sur toutes ses admirables productions, conduiront insensiblement à donner les louanges qui sont dues à cet incomparable Ouvrier ; et après avoir rendu ce qui est dû à cette Intelligence par laquelle cette grande machine est muée et déterminée on s'attachera avec plaisir à en considérer l'intérieur. C'est l'unique vue que j'ai eu en les donnant au Public.

PRÉFACE

J'ai divisé ce Livre en Traités, et je les ai mis dans, le même ordre que la Nature observe dans ses opérations périodiques.

Je commence par faire connaître comment se produisent les semences métalliques dans les entrailles de la terre ; les moyens dont la Nature se sert pour former les métaux et les différents accidents qui les empêchent de parvenir au point de perfection où ils sont tous destinés.

Je donne ensuite une voie facile pour extraire les essences des trois règnes, végétal, animal et minéral, dont on pourra se servir dans les diverses maladies dont on n'est que trop souvent attaqué ; se soulager et même se procurer la santé, ce que ceux même qui n'ont jamais manipulé trouveront très aisé par les règles que j'enseigne.

Je montre le peu et même le mauvais effet que peuvent produire les remèdes qui ne sont pas entièrement dégagés de leur terrestréité, comme sont ceux que l'on vend assez ordinairement. Ce n'est pas que j'ignore qu'il y a plusieurs Artistes fort habiles, et qui ne sont que trop capables de leur faire acquérir les qualités qui leur sont nécessaires pour agir efficacement ; mais le peu de profit qu'ils y feraient les retient, empêche de les pousser jusqu'au degré où il faudrait qu'ils fussent pour guérir promptement les malades.

Je fais voir la nécessité indispensable qu'il y a de tirer la véritable et pure essence de l'or et de l'argent pour en faire le grand œuvre ; et je donne les moyens d'y réussir en suivant les paroles des anciens Philosophes. Je fais connaître quelles sont les vraies matières dont on se doit servir pour travailler à cet œuvre, qu'ils ont tous appelé *divin*, par le développement que je fais termes obscurs, énigmes et paraboles dont les Anciens ont usé pour ne pas trop découvrir les arcanes de cette Science : cela aidera en même temps à faire revenir des fausses préventions où on se sera laissé aller en lisant leurs écrits, par le mauvais sens qu'on leur aura donné, ou à se confirmer dans les bonnes idées qu'on s'en sera formé.

Je découvre ce qu'ils ont entendu par les différents vaisseaux dont ils parlent.

J'explique ces divers feux qu'ils nomment naturels, innaturel et contre nature, dont ils ont fait tant et de si longs chapitres.

Je prouve enfin qu'on ne doit point sortir du genre métallique, et qu'il faut nécessairement suivre la Nature dans toutes les opérations que l'on se propose ; qu'on ne peut faire telle chose que ce soit, sans en avoir une de son espèce ; que ceux qui parlent autrement ou qui n'en veulent pas convenir, sont des ignorants ou des gens malintentionnés ; que de rien on ne produit rien, et qu'il faut pour faire un sujet avoir une matière. S'il nous est indispensable d'avoir une matière pour travailler, nous avons besoin d'un objet pour méditer : c'est donc un objet de méditation que je présente aux Curieux, qui les conduira plutôt dans la véritable route, que l'attention qu'ils donneront à ces misérables Chimiastres, qui n'ont nulle science que de tromper tous ceux qui sont assez simples pour s'y arrêter. Nous mettons tous les jours en pratique avec succès un nombre de choses qui n'a avaient été qu'ébauchées par nos Père, et qui n'étaient que des matières imparfaites que nous perfectionnons. Ceux qui liront ces Traités, les pourront regarder comme tels; mais s'ils les lisent avec application, ils pourront avec les lumières qu'ils auront d'ailleurs acquises par l'étude et la lecture des anciens et habiles Philosophes parvenir au but où plusieurs tendent et où peu atteignent : *Multi vocati, pauci electi.*

AVIS

Ami Lecteur, les Chapitres étant distingués dans cet Ouvrage, l'Auteur même dans sa préface ayant fait une espèce de récapitulation de ce qu'ils contiennent, je me suis pas cru dispensé de mettre une Table à la tête de ce Livre, qui m'aurait été, par les raisons que je viens d'en donner, d'aucune utilité. D'ailleurs, plusieurs habiles gens à qui je l'ai fait examiner avant que de le faire imprimer, m'ont assuré qu'il était trop savant et trop curieux pour ne pas engager le Lecteur à le lire de suite, sans aller chercher dans une Table des Chapitres qui pourraient plaire plus que les autres, puisqu'ils sont tous, selon leur sentiment, d'une égale force; et qu'il est si intéressant, qu'on ne pourra commencer de le lire, sans être puissamment excité d'en voir la fin, n'étant point de la nature de ceux qu'on ne fait que parcourir et qu'on ne lit que par pièces.

LES SECRETS
LES PLUS CACHÉS
DE
LA PHILOSOPHIE
DES ANCIENS,
DÉCOUVERTS ET EXPLIQUÉS,

À la suite d'une Histoire des plus curieuses.

Quand j'ai écrit les Traités que l'on verra dans la suite de ce Livre, je n'avais nulle intention de les mettre au jour, n'y ayant travaillé que pour ma propre satisfaction ; étant d'ailleurs d'un génie à ne pouvoir demeurer oisif.

Mais l'Histoire par où je le commence, et que j'ai cru ne devoir pas refuser aux Curieux, m'a insensiblement engagé changer de sentiment de sorte qu'ayant évité avec soin de publier aucun Ouvrage, encore moins de Chimie que autre, pour ne point passer pour souffleur et chercheur de Pierre Philosophale, qui sont les termes dont se sert ordinairement le vulgaire, par une bizarrerie que je ne comprends pas moi-même : je les mets à la suite d'une Histoire, qui sans doute fera croire à la plupart de ceux qui la liront, et même aux amateurs de l'Art chimique, que je suis, privé du bon sens : en effet les opérations que je rapporte sont si extraordinaires, que j'avoue de bonne, foi que si j'avais trouvé parmi le nombre presque infini de Livres que j'ai lus sur cette Science quelque chose de semblable, j'aurais cru que l'Auteur aurait voulu m'en imposer, et qu'il n'aurait eu en écrivant que la seule vanité d'écrire, comme plusieurs ont. Mais enfin je ne puis douter, puisque j'ai vu de mes propres yeux la plupart de ces choses : elles paraîtront de pures imaginations et des contes faits à plaisir ; on en croira ce que l'on voudra, on en rira si l'on veut ; les choses n'en seront ni moins effectives, ni moins véritables.

On pourra assez connaître par mes écrits que je me suis beaucoup attaché à cette partie de Philosophie que l'on appelle Physique ; mais j'ai toujours eu préférablement une sorte inclination pour la Chimie, persuadé que j'étais, que la pratique de cet Art est seule propre à découvrir les plus beaux Secrets de la Nature : et on ne peut disconvenir qu'un Physicien qui l'ignore, ne soit fort inférieur à un Philosophe Chimiste. Je dis *Chimiste*, pour le distinguer de ces souffleurs ignorants, qui n'ont d'autre science que celle de mentir et de tromper ceux qui ont la facilité de les écouter : c'est ce qui a si fort décrié cet Art.

Étant un jour chez un de mes Amis, j'y trouvai par hasard un Étranger qu'on disait fort savant dans la Chimie, et qui étant soupçonné de posséder la Pierre, avait déjà souffert diverses persécutions, et était obligé de prendre beaucoup de précaution pour éviter les pièges que plusieurs Particuliers avec lesquels il avait été en relation, lui tendaient : mais comme je savais qu'il y avait tant de ces trompeurs, malgré l'exacte recherche qu'en avait fait faire le sage Magistrat qui exerçait pour lors par le choix qu'en avait fait le plus grand Roi du monde, et l'estime de tous les honnêtes gens la Charge de Lieutenant Général de Police qu'on ne lui a fait quitter depuis pour d'autant mieux distinguer son rare mérite, que pour le mettre à la tête des Conseils de la Régence, et le faire Garde des Sceaux de France ; comme je savais, dis je, qu'il y avait tant de ces trompeurs qui se disent savants, et qui affectent, comme faisait cet Étranger, de certaines circonspections pour mieux couvrir leur ignorance, je voulus m'instruire de plusieurs faits qu'on avançait sur son sujet : les ayant trouvés conformes à ce qu'on m'en avait dit, je cherchai l'occasion de faire connaissance avec lui ; cela ne me fut pas fort difficile, puisque je le rencontrais souvent chez mon ami.

Ce fut donc par le moyen de cet ami que nous eûmes quelques conversations ensemble. Il trouva que je raisonnais assez juste sur les principes de cette Science ; de sorte que quelque temps après, lui ayant donné à lire un cahier des Traités qui sont à la fuite de cette histoire, il me dit qu'apparemment j'avais fait la bénite Pierre ; comme j'avais intention de le faire parler, je lui répondis que j'y avais travaillé plusieurs fois, mais que le chagrin de n'y avoir pas réussi, la dureté du temps, et quelques affaires que j'avais eues successivement, lesquelles m'avaient entièrement occupé, m'avaient dégoûté de la poursuite d'une recherche qui, à en juger par ce qui m'était déjà arrivé, était au-dessus de ma capacité, et qui peut être n'était qu'une chimère qui avait passé dans l'esprit de quelques visionnaires, qui ayant écrit sur de simples conjectures appuyées de raisons apparentes, avaient donné occasion par leurs écrits de faire perdre beaucoup de temps et dépenser de gros biens à ceux qui courent après ce fantôme, qui promet tant de richesses et nous flatte d'une si longue vie.

Il me semble (dit-il) par ce discours, que loin de l'avoir faite vous doutez encore de la réalité de ce divin Art, j'aurais assez de quoi m'en convaincre, lui dis-je, suivant les raisons qu'en apportent sous les Philosophes ; mais combien de raisonnements paraissent très justes, et dont les conséquences semblent ne pas permettre de douter de la vérité, qui quand on en vient à l'expérience, se trouvent faux ? Toutes les Sectes de diverses Écoles de Philosophie ne sont-elles pas fondées sur de belles raisons spéculatives ? Néanmoins on n'est jamais assuré de la vérité ; on dispute tous les jours pour la trouver, et chacun fait, ses efforts pour persuader qu'elle est de son côté. Il y a bien de la différence entre parler et démontrer : Il faut donc, répliqua cet Étranger, vois démontrer ? C'est pourquoi faites en sorte d'avoir un creuset du vif-argent, et un peu de charbon dans un fourneau ou dans un bon réchaud. Le trouvant dans une disposition telle que je le souhaitais, je le conduits dans ma chambre, où il y avait encore des restes de quelques opérations qui y avaient été faites : après lui avoir fait trouver tout ce qu'il m'avait demandé, il me fit peser une once de mercure ; mais s'en étant coulé dans-la balance, une demi once de plus, je voulus la retirer : il me dit que puisque cela était ainsi, je n'avais qu'à verser jusqu'à deux onces ; mais malgré toute ma précaution, il s'en trouva cinq dragmes de plus que les deux onces : et comme il vit que je travaillais à les ôter, et que cela employait du, temps, il me dit de laisser dans la balance ce qui y était, parce que cela ne finirait pas. Je mis donc, suivant son ordre, le creuset avec cette quantité de mercure, dans un vieux fourneau, qui s'était trouvé dans cette chambre ensuite il me donna le poids d'un peu plus que demi-grain de poudre rouge, telle que les Philosophes la décrivent, qu'il me fit envelopper dans un morceau de cire proportionné à la quantité de poudre. Quand il jugea que le mercure était chaud, il me fit jeter cette petite boule, dedans. Enfin, après deux heures de bon feu, je retirai le creuset ; dans lequel, au lieu de vif-argent, il se trouva la même quantité d'or, ou à peu prés, lequel soutenait toutes les épreuves que l'on fait à l'or le plus pur ; et en calculant le poids de la poudre et celui, du mercure, je jugeai qu'un grain pesant de cette poudre en devait transmuer environ, quatre mille en or. Je remarquai aussi que dans cette fixation du vif-argent, et dans toutes les autres que nous avons faites depuis, le mercure n'a jamais fait ce bruit ou détonement que le Gentilhomme Guyennais, je veux dire Zachaire, et quelques autres Philosophes ont dit qu'il faisait en se fixant ; mais qu'aussitôt que la poudre s'est mêlée avec lui, il demeure très paisiblement dans le feu, et comme dans son élément. Il faut observer que la fixation qu'il a plusieurs fois faite en ma présence, du mercure en argent, se faisait en un quart d'heure, et que la poudre dont il se servait pour tette fixation était blanche ; mais que pour celle de l'or, il fallait au moins deux heures, et que le feu fût très fort : ce qui n'était pas nécessaire pour l'argent. Je lui demandai la raison de cette différence : Vous devez comprendre, me dit-il, que pour forcer le mercure à mettre au dehors toute sa teinture, et pour lui faire acquérir la fixité de l'or, il faut nécessairement un feu et plus grand et plus long ; et au contraire pour le fixer en argent, il ne faut simplement que l'épaissir : il n'est donc pas nécessaire de lui donner un feu ni si grand ni si violent ; il faut seulement l'échauffer un peu fort. En effet, les fixations de mercure en argent, comme je l'ai vu plusieurs fois, se faisaient avec plus de facilité et plus promptement que la présure ne fait épaissir le lait en un temps très chaud. Je remarquai enfin que l'argent qui provenait de la fixation du mercure, était plus pondéreux que l'argent ordinaire, et que l'eau-forte n'y faisait aucune impression, ou du moins fort peu ; mais elle n'y faisait rien du tout, quand il y avait un peu plus de poudre qu'il n'en était besoin. C'était donc une vraie lune fixe, et telle que je ne crois pas qu'on en puisse faire autrement. Je veux bien dire ceci ; pour détromper ceux qui se laissent aller aux fausses recettes que ces misérables souffleurs leur apportent tous les jours pour les engager dans de grosses dépenses, n'ayant pour vue que de tirer, ou la nourriture pendant les opérations, qu'ils font durer le plus longtemps qu'ils peuvent, auxquelles ils font arriver quelque accident sans qu'on s'en aperçoive, afin de recommencer, assurant que sans cet accident, ils étaient sûrs de la réussite ; et pour y exciter davantage, ils jurent et font des serments que ceux desquels ils ont eu cette recette, l'ont fait vingt fois devant eux, qu'ils n'avaient autre bien pour vivre, et toutes leurs familles. Ils font un nombre infini d'histoires sur leurs dépenses, toutes aussi fausses les unes que les autres ; et enfin tachent de persuader qu'ils l'ont fait aussi eux mêmes plusieurs fois. Et comme ils savent bien que l'on connaît leur mauvais état, tant par le grenier sans meubles où ils sont logés, que par les guenilles dont ils sont couverts, n'ayant pas même la plupart de chemises ; ce que j'ai vu dans plusieurs d'eux ; car j'ai été attrapé comme les autres : quoique cela ne me fois pas arrivé tant de fois qu'à de certaines personnes que je connais, je n'ai pas laissé que de l'être. Ils disent qu'ils ont été volés : s'ils sortent de l'Hôpital, comme j'en ai connu quantité qui y avaient été enfermés quelques années, ils disent qu'ils viennent de la Bastille, qu'on leur a ôté le peu de poudre qui leur restait, ou qu'ils l'ont jetée adroitement dans le temps qu'on les a pris ; qu'ils n'en sont sortis que par les sollicitations d'un gros Seigneur, qui leur a fait promettre de lui donner leur secret, ce qui les chagrine fort, souhaitant qu'il n'y ait que vous qui l'ayez : et mille autres contes aussi faux qu'ils font, si on est assez simple pour leur prêter son attention. Et outre la nourriture que d'on ne peut éviter de leur donner, puisqu'ils font entendre qu'on ne doit que très peu quitter l'opération, à cause du feu qui doit être gradué, ils : augmentent le prix des drogues qu'ils vont acheter : et quand ils s'aperçoivent que l'un est un peu instruit des prix, comme en ayant déjà acheté, ils disent que celles qu'ils ont achetées sont bien différentes de celles dont vous vous serviez, et qu'ils ne sont pas étonnés si l'on manque souvent dans de certaines opérations ; que cela ne provient que du ménage que l'on fait sur l'achat de ces drogues. Je me suis beaucoup étendu sur ce sujet ; y étant excité par l'exemple d'un très rand nombre de personnes que j'ai vu réduites dans une extrême misère, ayant été auparavant dans l'opulence; et cela, pour s'être laissé obséder par ces malheureux.

Revenons à notre Philosophe. On peut juger qu'après cette première confidence, il me fit espérer de plus belles choses; et que je lui marquai toute l'estime que je faisais de son rare savoir, et combien son amitié me serait précieuse. Il avait aussi de son côté des raisons assez fortes pour souhaiter la mienne : car dans les divers accidents qui lui étaient arrivés, il avait quasi tout perdu; de sorte qu'il avait besoin d'un ami fidèle, et d'un lieu secret et sûr pour pouvoir faire de nouvelle poudre, de laquelle il n'avait sauvé qu'une très petite quantité : il lui était donc nécessaire de rencontrer dans cet ami une personne qui chérissant cet Art, sût estimer ce qu'il savait faire. Comme il crut avoir trouvé en ma personne tout ce qu'il cherchait, il se détermina à faire une étroite liaison avec moi; et pour me donner des marques de sa confiance, il s'ouvrit encore davantage, et prit plaisir à me faire voir les prodiges de son art, et à me faire connaître qu'il possédait non seulement la science de tous les Philosophes qui en ont écrit, mais qu'il en savait encore beaucoup plus qu'eux : car dans le grand nombre de Livres tant imprimés que manuscrits que j'ai lu, je n'ai rien trouvé de semblable, ni même qui en approchât; de sorte que l'on peut dire que c'est un homme merveilleux et un phénix dans le monde.

J'oserais même dire que c'est l'Élie Artiste que Paracelse dit devoir venir révéler les plus grands secrets de cette Science occulte, si je ne l'avais toujours trouvé trop réservé à mon égard, n'ayant jamais pu obtenir qu'il m'enseignât à opérer quelqu'une des merveilles dont il m'a fait seulement voir les effets. Je me flattais qu'à force de le voir travailler, j'en pourrais tirer quelque lumière : les curieux, comme j'ai toujours été, souhaitant ardemment d'apprendre de nouvelles choses, et encore des choses aussi prodigieuses que celles que cet habile homme faisait : mais dans le temps qu'il paraissait un peu disposé à satisfaire à mes désirs, il m'arriva un accident des plus terribles, qui me mit à l'extrémité, et me retint environ six mois au lit ; et comme un malheur ne va pas ordinairement seul, celui-ci fut suivi de plusieurs autres des plus sensibles ; ce qui rompit tous nos projets, et m'ôta l'espérance de voir des choses encore beaucoup au-dessus de celles qu'il m'avait déjà montrées, comme il me l'avait promis, et telles que je les ai toujours regardées comme surnaturelles.

Vous jugerez aisément de l'excès du chagrin que cela me donna, qui joint aux autres qui m'arrivaient tous les jours, ne contribua pas peu au retardement de ma guérison : je vous avoue que cela donna lieu à nombre de réflexions que je fis sur l'incertitude des choses du monde. Je croyais déjà posséder toutes les merveilles non seulement que je lui avais vu faire, mais encore celles que je lui entendais dire ; me flattant qu'en le pratiquant aussi longtemps que j'espérais faire, je m'instruirais peu à peu dans les diverses fois qu'il opérerait en ma présence, sans même qu'il sen aperçut, de toutes les choses qu'il faisait, ou du moins d'une bonne partie ; d'autant plus que nos conversations n'étaient que sur ses œuvres : Mais les accidents dont je viens de parler firent qu'il prit son parti, et qu'après avoir demeuré encore quelque temps à Paris, pendant lequel il venait me voir assez fréquemment, il partit sans me dire adieu, et n'en ai eu depuis aucune nouvelle.

Il ne me reste plus que le plaisir de repasser souvent dans ma mémoire les choses extraordinaires que j'ai la plupart faites de mes mains, celles qu'il a faites lui-même, et celles qu'il m'avait promis de faire, et que je ne rapporterai que comme il me les a dites. Je sais bien que si ce Livre se trouve entre les mains de gens qui ne sont point initiés dans cet Art, ils le regarderont comme un amas de contes ridicules. Je suis persuadé aussi que ceux qui ont le plus travaillé sur des matières métalliques, auront peine à me croire ; puisque, comme je l'ai déjà dit, la plupart de ces opérations ne se trouvent dans aucun Auteur : c'est pourquoi tous croiront que je les ai inventées, et que ce ne sont que de petits jeux d'esprit pour amuser le Lecteur. J'avoue que j'ai cru moi-même, lorsque ce Philosophe me disait qu'on pouvait faire quelqu'une des choses dont je vais faire le récit, que c'était des rêveries : ainsi j'excuse ceux qui ne le croiront pas, puisque les ayant faites et vu faire plusieurs fois, il y a des moments où je croirais encore m'être trompé moi-même : je pourrais nommer d'autres personnes qui ont vu une partie de ces choses aussi bien que moi, qui en ont été et sont encore autant étonnées, mais cela ne servirait à rien. Quoiqu'on en croie, elles ne sont pas moins véritables. Je les mettrai comme je les ai vues, laissant la liberté à un chacun d'en penser ce qu'il voudra, et aux plus habiles d'en profiter, s'ils le peuvent.

Je dirai, premièrement, pour faciliter aux Curieux la conquête de la Toison d'or à laquelle ils aspirent, que ce Philosophe me disait que les seules matières essentielles à cet Art, sont l'or, l'argent et le vif-argent, étant les uniques substances qui entrent dans la composition de la Pierre Philosophique, comme on le verra plus clairement dans la suite ; en quoi il est d'accord avec tous les vrais Philosophes.

Secondement, que tout ce dont on peut se servir pour rendre ces matières propres à ce grand ouvrage, en doit être séparé avec soin ; à moins que ces matières ne soient la Pierre même, dont on peut se servir pour abréger le temps et la peine.

Troisièmement, il convenait que la Pierre Philosophale n'est que la quintessence séminale de l'or et de l'argent qu'on tire de l'or et de l'argent commun, les dissolvant et réduisant en leur première matière d'argent-vif, par le moyen de l'argent-vif philosophique ; qui est l'argent-vif commun préparé par un art admirable.

Quatrièmement, il me répétait ce que tous les Philosophes disent, que c'est une folie de chercher cette essence séminale hors du règne métallique, et même de la chercher en d'autres métaux que dans l'or et dans l'argent; car ni le plomb, ni l'étain, ni le cuivre, ni le fer ne possèdent pas cette essence pure et fixe que les Philosophes appellent leur *soufre*: c'est pourquoi c'est en vain qu'on veut trouver une chose où elle n'est pas.

Cinquièmement, que ceux qui croient la pouvoir composer par l'assemblage de certaines matières, ou l'extraire de l'esprit universel ou du sel central, ou de tous les deux, ou de quelque autre matière telle que ce soit, sont encore plus fous, n'y ayant que la nature seule qui puisse composer les semences; et tout ce que l'homme peut faire, c'est de les prendre où elles sont.

Et enfin il ajoutait comme une remarque très importante, que celui qui veut tirer la semence de l'or ou de l'argent; ou d'autre métal tel que ce puisse être, doit se proposer de la tirer toute entière, et non pas une partie, sans quoi il ne réussira pas à la rendre végétable et multiplicatives c'est-à-dire que ceux qui prétendront tirer par quelque menstrue ou par quelque liqueur subtile, les teintures de l'or et de l'argent pour en teindre les autres métaux avec profit, ou se trompent, ou veulent tromper les autres: car les teintures ne sont pas la véritable semence de l'or, mais seulement une partie de tout le corps extrêmement subtilisé, et non pas la véritable essence séminale, laquelle ne se peut absolument extraire que par la résolution totale de tout le corps en sa première matière d'argent-vif. Et c'est pour lors que par une longue digestion et circulation, la nature sépare l'essence subtile du corps grossier, qui est la véritable semence végétable, multiplicative, teingente, de teinture fixe, aurifique ou argentifique, que les Philosophes Chimistes appellent leur *soufre* ou leur *arsenic*.

Mais pour satisfaire à la promesse que j'ai faite de rapporter ce que j'ai vu faire à ce Philosophe, qui instruira peut-être le Lecteur plus que tous ces raisonnements ; je dirai qu'ayant résolu de travailler dans cette chambre, où j'ai dit qu'il avait fait cette fixation de mercure, il commença par apporter chez moi un matin quatre livres de mercure commun pour en faire un mercure Philosophique. Il ne me le dit pas, car il avait pour maxime de ne jamais dire ce qu'il voulait faire ; mais l'effet m'instruisit bientôt de son intention. Il mit donc ces quatre livres de mercure dans un creuset tout neuf, et il y glissa un peu de certain sel blanc et transparent ; et après l'avoir laissé environ un quart d'heure sur un feu plutôt faible que médiocre, il retira le creuset, et versa doucement les quatre livres de mercure dans le même creuset où peu de jours auparavant j'avais fais la projection avec lui ; lequel, disait-il en plaisantant, avait de grandes vertus. Le mercure n'étant plus dans le creuset où il avait été sur le feu, il me le donna à considérer pour voir ce que je dirais. Je remarquai dans son fond une assez grande quantité de matière noire et fort ressemblante à la suie de cheminée, laquelle était entremêlée de particules métalliques, semblables au plomb, à l'étain et au fer. Après quelques moments de réflexion, je lui dis que je croyais que c'était une purification philosophique de mercure : car je voyais bien que ces saletés étaient sorties de la substance interne du vif-argent, et que si cela était comme je le pensais, rien n'était plus merveilleux.

Il me dit que j'avais accusé juste ; et que bien des gens, et particulièrement certaines personnes qu'il me nomma et qui passent pour de très habiles gens, n'en avaient pas compris le mérite comme moi ; et qu'en effet c'était un des plus beaux abrégés que les Modernes eussent inventés pour purifier le mercure, et de vulgaire en très peu de temps le rendre philosophique, et propre non seulement à la dissolutions de tous les métaux, mais encore à beaucoup d'autres curiosités métalliques.

Pendant cette conversation, les quatre livres de mercure refroidissaient dans le creuset, et à meure je le voyais épaissir : enfin il se coagula entièrement, et devint une masse dure, ou le paraissait être : mais étant pressé par les doigts, il se défaisait comme du beurre ou comme une pâte métallique. Le mercure en cet état mis sur le feu, se liquéfiait comme la cire : il soutenait un petit feu sans fumer et sans crier ; mais si on l'avait pressé à grand feu, il s'en ferait envolé : hors du feu, il reprenait sa consistante, et paraissait quasi aussi blanc que l'argent.

J'admirais avec raison comment ce Philosophe pouvait en un quart d'heure faire ce que tant de Chimistes anciens et modernes n'ont pu faire en nombre d'années par une infinité de sublimations, ablutions, dissolutions, distillations, et autres diverses manières qu'ils ont inventées pour faire cette purification philosophique de mercure tant recherchée par les Artistes et je ne pouvais sortir d'étonnement, de voir comment le vif-argent rejetait toutes les ordures et particules hétérogènes internes par un peu de poudre, de la même manière qu'un homme se purge et évacue toutes ses mauvaises humeurs par l'émétique ou par quelque autre médecine. Il me disait qu'il y avait plusieurs autres manières de faire cette purification du mercure, les unes meilleures et moins longues et pénibles que les autres, y ayant plusieurs moyens pour parvenir à une même fin : mais, comme je l'ai déjà dit, ceci était un abrégé qui se faisait avec quelque chose qui approchait de la nature de la véritable Pierre Philosophique. Il aimait mieux se servir de ce mercure ainsi coagulé pour faire les projections, parce qu'il était déjà purifié et à demi congelé, et qu'il lui épargnait aussi un peu de sa Pierre, de laquelle, comme j'ai dit, il n'avait pas beaucoup.

Mais pour faire la résolution de l'or et de l'argent en mercure, il ne se servait pas de cet argent vif coagulé, mais d'un autre tout-à-fait coulant et volatil ; car il disait qu'il était trop épais et à demi fixe au feu, qu'ainsi il n'était pas propre à la résolution. Cependant il faisait un mercure tout aussi coulant que le mercure commun, lequel étant mis à la plus grande ardeur du feu, rougissait comme un métal fondu : mais quelque feu qu'on lui donnât, il ne s'en allait point au contraire il résistait constamment aux flammes les plus vives.

La raison pour laquelle il lui fallait un mercure fluide et volatil pour résoudre les métaux en mercure coulant et volatil, est évidente ; et le bon sens fait assez connaître que cet autre mercure, épaissi et à demi fixe ne pourrait nullement résoudre en liqueur coulante et volatile, un corps qui par sa nature est très épais et très fixe.

Voilà ce que j'ai vu de plus curieux sur le mercure vulgaire ; et les manières différentes dont il usait pour le rendre pur et subtil, et propre à la résolution des corps.

Il ne mettait pas moins de soin à préparer l'or et l'argent vulgaires pour les rendre philosophiques, c'est-à-dire pour les rendre propres à être facilement réduits en mercure coulant ; et voici la manière dont il opérait. Il faisait fondre l'or ou l'argent, et étant en bonne fonte, il projetait sur l'or un peu de poudre rougeâtre, et sur l'argent une poudre blanche : les métaux végétaient au milieu du feu en forme d'arbrisseaux, particulièrement lorsqu'étant prés de se coaguler par la diminution du feu, ils se congelaient peu à peu ayant ôté le feu entièrement: ce qu'il y mettait alors me paraissait une substance mercurielle.

Mais l'argent s'élevait bien plus hait que l'or, lequel ne produirait dans sa superficie qu'une manière de mousse de couleur entre le vert et le noir. Ces métaux en cet état étaient cassants, mais ils conservaient toujours leur couleur d'or ou d'argent, suivant ce qu'ils étaient.

Par ce moyen les métaux, de vulgaires étaient rendus Philosophiques, et de morts qu'ils étaient devenaient vifs, puisqu'ils végétaient ; et leurs corps étant ainsi plus ouverts, donnaient une entrée plus facile au mercure Philosophique, pour les réduire en sa propre nature de mercure coulant et volatil.

Il appelait cela *réincruder les corps*, c'est-à-dire les rétrograder de leur extrême fixité.

Il jetait ces métaux ainsi préparés et réincrudés en grenaille grossière, et les mettait ensuite dans son mercure Philosophique fluide ; et le tout étant mis à digérer à la chaleur du sable en trois ou quatre jours, il se réduisait en argent-vif coulant avec la même facilité qu'un gros morceau de glace se dissout dans de l'eau un peu tiède.

J'oubliais de faire observer qu'il faisait trois opérations différentes : car il mettait la grenaille d'or dissoudre seule, et celle d'argent de même, et il mettait encore l'une et l'autre dissoudre ensemble. Ce qui me surprenait davantage, c'est que pour faire dissoudre la grenaille d'argent, ou bien la grenaille moitié or moitié argent, il ne mettait que parties égales de mercure, c'est-à-dire huit onces de grenailles avec huit onces de mercure ; mais pour dissoudre l'or seul, il mettait le double de mercure.

Les métaux étant dissous, il prenait ce mercure, le mettait dans une cornue pour le faire distiller, et en une heure ou deux passait ou distillait une livre ou deux de ce triple mercure, sans qu'il restât au fond de la cornue, qu'une dragme ou deux au plus, de matière, qui était plutôt des impuretés adhérentes, que quelque chose de leur véritable substance.

Il a fait plusieurs fois en ma présence ce mélange de la grenaille avec le mercure qu'il mettait ensuite en distillation, laquelle se faisait plus facilement que celle du mercure vulgaire. J'attribuais cela à ce que les corps du Soleil et de la Lune étant ouverts, leur chaleur intrinsèque étant passée de la puissance à l'acte, elle agissait aussi sur le mercure commun auquel elle se communiquait ; et d'ailleurs le mercure que j'appelle *commun*, n'était pas le mercure ordinaire : je l'appelle commun par rapport aux autres plus préparés ; car il était dépouillé d'une partie de ses impuretés grossières, ce qui le rendait beaucoup plus léger, et par conséquent plus volatil que le mercure commun qui se vend chez les Apothicaires. C'est de ce triple mercure, c'est-à-dire de ce mercure composé d'égales parties d'or et d'argent, auquel il ajoutait le même poids de mercure Philosophique, qu'il composait sa Pierre, de la manière que nous dirons dans peu.

Mais je ne puis m'empêcher auparavant de remarquer qu'il semble que cette manière d'opérer est toute différente de celle de la plupart, et pour mieux dire, de tous les Philosophes, qui ont écrit qu'il ne faut pas mêler l'or avec l'argent ; mais qu'il faut le mercure et l'or pour faire la Pierre au rouge, et le mercure et l'argent pour faire la Pierre au blanc.

Pour notre Philosophe, il en usait tout autrement, car après la réincrudation de ces deux corps, comme j'ai dit ci-devant, il les fondait ensemble, et les ayant jetés en grenaille, il les mettait en égale quantité de mercure ; et après leur dissolution, les ayant distillés, il en résultait son triple mercure dont il se servait pour faire la Pierre, comme on le va voir.

Il mit ce mercure dans un petit matras de verre au feu de lampe : il s'embarrassait peu que le vaisseau fût trop grand ou trop petit, et même il voulait qu'il restât plutôt sept ou huit parties de vide, que moins. Il ne bouchait ses vaisseaux qu'avec un bouchon de liège, sans autre façon ; et dans toutes les différentes opérations, il avait une facilité que je n'avais jamais vue dans aucun Artiste : car il prenait un creuset au milieu du feu le plus ardent, sans précaution et sans jamais le manquer : il maniait tous les vaisseaux de quelques matières qu'ils fussent, avec une adresse incompréhensible. Enfin rien ne l'embarrassait, de telle manière qu'il travaillât. Il ne s'attachait pas non plus trop scrupuleusement aux degrés du feu, pourvu qu'il fût lent et petit.

Ce fut le 5 Avril de l'année 1717, qu'il mit plusieurs vaisseaux dans le four à lampe. Ces vaisseaux, comme j'ai fait remarquer, n'étaient bouchés que de liège, même assez négligemment : mais pour le four, il était bien fermé, hors très peu de jour pour empêcher que la lampe s'éteignît. La chaleur était un peu forte au commencement ; et ce qui paraîtra surprenant, puisque cela est contre le sentiment de tous les Anciens, est qu'il la diminua dans la suite.

Après quinze jours ou trois semaines de ce premier feu qu'il appelait digérant, on vit paraître dans la superficie de ce mercure quelques gouttes qui ressemblaient à une huile très jaune, et brillante comme les étoiles en une belle nuit d'Été : ces gouttes parurent et disparurent plusieurs fois.

Enfin le 28 Mai suivant, qui était le commencement de la cinquième semaine, tout le mercure se réduisit en forme d'huile diaphane, jaune et éclatante comme un soleil : elle devint si transparente en peu de jours qu'on pouvoir aisément voir le fond du vaisseau, et il paraissait, comme il se voit quelquefois au fond de l'eau un autre soleil un peu plus opaque : on ne peut pas décrire la beauté et la splendeur de cette liqueur de mercure solaire et lunaire, car il en avait mis, comme j'ai dit, de trois sortes en digestion, c'est-à-dire, d'or, d'argent, et d'or et d'argent ensemble. Je dirai seulement que l'on y voyait l'éclat de ces deux luminaires dans toute leur force, et qu'il faut l'avoir vu pour le croire. Je ne sortais pas d'admiration, d'autant plus qu'aucun Philosophe n'a parlé de pareille chose. Je n'ai su que le seul Philalèthe parmi le nombre de Philosophes que j'ai lus, qui en ait dit quelque chose, encore bien légèrement, dans son *Introitus apertus*, chap. 21 de la combustion des fleurs. «Au commencement du véritable ouvrage Philosophique (dit-il) une certaine rougeur qui paraît au-dedans du vaisseau, est fort remarquable; elle montre que le ciel et la terre se sont parfaitement conjoints, et qu'ils ont conçu le feu de nature: c'est pourquoi vous verrez toute la concavité du vaisseau teinte de couleur d'or mais cette couleur ne durera pas, et elle produira en peu de jours la verdeur.» En effet, tout le vaisseau paraissait être un or liquide diaphane, et luisant de même que celui au blanc paraissait en argent. Il est assurément difficile de comprendre comment des corps aussi compactes et inaltérables que sont l'or et l'argent, et le mercure même, peuvent devenir transparents en si peu de temps, et encore par la seule chaleur dure simple lampe. Il faut donc convenir que ce miracle est causé par la vertu du feu interne que contiennent l'or et l'argent, lequel étant délivré de ses liens, et mis en liberté, par la dissolution en mercure, ces trois feux avaient fermenté ensemble, et se subtilisant et raréfiant de plus en plus, produisaient cette liqueur lumineuse et cette huile incombustible.

    Le 15 Juin, qui est environ trois semaines après, ou un peu, moins, cette huile d'or commença à s'épaissir un peu, et perdre quelque chose de sa transparence : elle devint d'un jaune pâle, et commença à tirer sur la couleur jaune verdâtre, et peu à peu acquit la couleur de ce vert que nous appelions *tourville*, c'est-à-dire d'un vert clair : mais cette verdeur se chargea peu à peu ; de sorte que vers le 30 du même mois, elle commença à devenir au milieu d'un vert foncé, et semblable à la plus belle et plus éclatante émeraude.

Il est à remarquer que dans cet espace qui est de deux mois et plus, le mercure ne fit jamais aucun mouvement que celui de changer de couleur, je veux dire que rien ne sublima ni s'éleva en haut ; et que les vaisseaux étant parfaitement clairs, on pouvait voir fort aisément tout ce qui se passait au-dedans.

Ce fut dans ce temps, ou peu après, qu'il m'arriva le malheur dont j'ai parlé, et dans la suite une aventure à notre Philosophe, qui l'obligea comme j'ai dit, à partir de Paris sans me dire adieu.

Quand il vit qu'il m'était arrivé un si fâcheux accident, il éteignit la lampe et retira les vaisseaux : il me promit cependant qu'après ma guérison il continuerait l'ouvrage ; que les matières ne s'altéreraient en nulle manière, qu'elles ne perdraient rien de leur qualité ; qu'elles avaient déjà acquis un degré de perfection, et qu'il n'avait plus besoin que d'un peu de temps pour les mettre dans le dernier point d'état parfait. Il tacha de me consoler par ces promesses, et de me tranquilliser un peu l'esprit ; mais si je n'avais appelé à mon secours toute ma raison, je n'aurais assurément pas pu résister à deux si violents assauts. Comme nous nous voyions tous les jours régulièrement pendant que nos matras étaient en digestion, il satisfaisait agréablement ma curiosité par de nouveaux prodiges, et me disait qu'avec le temps il m'en ferait encore voir d'autres qui me surprendraient toujours de plus en plus. Il faut avouer que toutes ces choses me firent sentir sa perte d'autant plus vivement, que je m'étais flatté de pouvoir parvenir à ce haut degré de Science, où je crois que personne n'est encore parvenu que lui, en l'étudiant de mon mieux, et en tâchant de gagner entièrement sa confiance par le long commerce que je contais avoir avec lui. Mais ayant fait réflexion qu'il n'y a rien de certain dans ce monde ; et que tout n'est que fumée ; je pris le parti de me résigner aux ordres immuables de celui qui seul peut tout, et qui détruit en un moment les projets que les hommes ont été des temps très longs à former. Voilà comme notre œuvre fut interrompu ; et je n'espère pas qu'il se finisse jamais, n'ayant pu entendre parler de lui depuis qu'il est sorti de Paris. Je vais continuer à informer le Lecteur des autres merveilles que j'ai vu faire à ce Philosophe, et de celles qu'il me promettait faire voir, mais que je déclare de bonne foi, n'avoir pas vues, et que je ne rapporte, que sur ce qu'il m'en a dit.

 Je sais que plusieurs personnes qui ont eu sa connaissance aussi bien que moi, ont fait tout ce qui leur était possible pour tirer quelques lumières, ou plutôt pour l'engager à faire des opérations en leur présence, afin de découvrir quelques-uns de ses Secrets : mais n'y ayant pu parvenir, tel moyen qu'elles aient employé à cet effet, étant homme fort réservé et toujours en garde contre tout le monde ils ont fait de puissants efforts pour le décrier : et quelques-uns que je veux bien épargner en ne les nommant pas, n'ayant pu ou n'ayant osé entreprendre de s'en venger par eux-mêmes, occasionnèrent le chagrin qui lui fut fait et dont il s'est tiré par le moyen d'une autre personne qui avait plus de crédit qu'eux.

Si les mauvais discours faits par ceux dont je viens de parler, allaient aux oreilles de quelques-uns de ceux qui liront ce Livre, si ce sont gens de bon sens et qui aient pratiqué le monde, ils ne leur feront nulles impressions ; persuadés que les gens de cette sorte doivent être plus circonspects que d'autres : que comme l'homme est rempli d'amour propre, et que c'est le seul intérêt qui le guide, il élève ceux dont il espère ou dont il reçoit actuellement quelque bien ; et décrie ceux de qui il n'en a pu obtenir, quoique souvent ces derniers méritassent plutôt des louanges que les autres. Je ne prétends pas le dire sans défauts, n'y ayant nul homme, suivant le Psalmiste, qui n'en ait : il n'y a que le plus ou le moins. Bien loin de cela, je veux bien convenir avec ceux qui l'ont connu, qu'il n'avait point du tout les manières d'un homme de naissance, quoiqu'il portât le nom d'une illustre famille d'un des Cantons, que je crois qu'il avait emprunté pour se mieux déguiser ; imitant en cela les anciens Philosophes, qui en usaient ainsi pour éviter d'être connus. Il est encore vrai qu'il préférait les gens du plus bas état à beaucoup de personnes distinguées, qui auraient été ravies de posséder un si savant homme ; il fallait bien, qu'il eût des raisons pour cela : peut être craignait-il que ces personnes de plus haut état ne le gênassent ; et comme il n'était pas d'humeur à déclarer les Secrets, et qu'il savait fort bien que l'intérêt plutôt que l'amitié le faisait rechercher par ceux-ci il pouvait craindre d'être violenté, comme il m'a dit qu'il lui était arrivé nombre de fois ; ou qu'on ne lui jouât quelques mauvais tours ; comme nous voyons dans plusieurs histoires être arrivées à quelques-uns des Anciens. Il n'avait point d'ailleurs oublié le mauvais parti qu'on lui avait fait à Mantoue, lorsqu'il en voulut sortir pour venir à Paris : ce qui lui était arrivé quelques années après qu'il s'y fut établi, était profondément gravé dans son cœur. En fallait-il davantage pour l'obliger d'en user de la sorte ? On l'accusait encore d'un ménage sordide ; et on disait que s'il avait possédé ce divin œuvre, il n'aurait pas eu ce défaut. À mon égard, je n'ai eu nulle occasion de l'en accuser, et puis la vérité est que je ne m'attachais qu'à ce qui regardait sa science, toutes ses autres qualités bonnes ou mauvaises m'étant indifférentes.

Le plus grand mal qu'il a fait, et la seule chose, selon moi, qui a pu donner lieu aux plaintes que l'on a faites contre lui c'est que comme ceux qui le cherchaient avec empressement, ne lui donnaient point de repas pour qu'il leur, donnât quelqu'un de ses Secrets, ne pouvant s'en défaire autrement, il leur promettait de leur en donner dans de certains temps qui n'arrivaient jamais. Quelques-uns même, selon ce que l'on m'a dit, lui faisaient des présents à cette intention : il les recevait, et il leur faisait les mêmes promesses ; mais il les a tous traités de la même manière, ne leur ayant rien enseigné ni aux uns ni aux autres. C'est donc seulement l'envie et le désespoir de n'avoir pu rien obtenir de lui, qui fait parler ces sortes de gens qui le déchirent cruellement.

Comme mon dessein, en écrivant cette histoire, n'a été que de faire part aux Curieux des effets surprenants de sa science ; je n'entreprends point de le défendre contre ses envieux, ni de le faire passer pour un homme parfait quant aux mœurs étant très persuadé que le plus parfait de tous les hommes ne laisse pas que d'avoir beaucoup de défauts.

Si les Philosophes ont regardé comme les uniques biens de la vie les richesses et la santé, dont l'un s'obtient par la composition de la médecine universelle, et l'autre par la transmutation des bas métaux en or ou en argent ; j'oserais les accuser d'avoir eu trop d'amour propre, ou d'avoir été trop bornés : car il y en a selon moi, un autre qui n'est pas moins grand, qui est celui de pouvoir communiquer et faire part de ses biens à ses amis, soulager les pauvres dans leurs besoins et maladies ; ce qui ne doit pas être une petite satisfaction pour les personnes bien nées. Pour ce qui est de la tranquillité de l'esprit que la possession de ces grands biens semble devoir donner ; je la regarde comme une chose assez équivoque, suivant ce que j'en ai lu dans la vie de plusieurs Philosophes : car toute leur vie n'était qu'une étude continuelle à se conduire de manière qu'on ne les soupçonnât pas de posséder cette science. Nous remarquons même qu'ils n'habitaient, pour ainsi dire, aucun lieu, n'osant demeurer trop longtemps dans un même endroit, de crainte d'être découverts.

Pour notre Philosophe, il pensait tout autrement : car quoiqu'il semble, qu'ayant obtenu les deux grands points dont je viens de parler, qui sont les richesses et la santé, on doit, s'arrêter et ne pas chercher davantage ; il paraissait cependant que c'était ce dont il faisait le moins de cas, car il disait qu'un Philosophe qui ne savait faire que la Pierre, n'était qu'un ignorant. Il estimait donc plus, pour ainsi dire, de certaines choses que je crois devoir appeler des *gentillesses de l'Art*. Il en faisait de diverses sortes, et même en quelque manière de nature différente, les unes plus considérables que les autres, la plupart utiles, mais toutes très curieuses.

En voici une de celles qu'il appelait *simples curiosités*, qui n'ont aucunes utilités, et qu'il faisait dans la projection ; laquelle paraîtra surprenante.

SECRETS CACHÉS DÉCOUVERTS ET EXPLIQUÉS 43

Il mettait dans un creuset une bonne quantité de mercure commun, comme une demie livre : quand le mercure était chaud, il mettait une portion convenable de ses deux poudres transmutatives blanche et rouge, c'est-à-dire qu'il mettait ces deux différentes poudres en même temps, et augmentant le feu de plus en plus, autant de temps qu'il le jugeait à propos, il retirait le creuset du feu, et le laissait refroidir, après quoi il en tirait une manière d'œuf dur, où se trouvait une boulle d'or qui semblait être un jaune au milieu de l'argent qui formait le blancs et ce qui causait encore une autre surprise, c'est qu'en donnant un coup de marteau sur cet œuf, le jaune se détachait du blanc, de manière que l'on avait l'or pur d'une part, et l'argent pur de l'autre, sans aucun mélange de l'un avec l'autre.

Je croyais, avant que d'avoir vu cette opération, qu'il n'était pas possible de la faire à moins d'avoir fixé auparavant le mercure en or ; et qu'après l'avoir laissé coaguler en diminuant le feu, on mettait ensuite d'autre mercure pour le fixer au blanc. Mais non : tout se faisait dans le même temps. Quoiqu'il prît beaucoup de précaution pour se cacher quand il faisait cette opération, qu'il a plusieurs fois faite en ma présence, et qu'il fit son possible pour que je ne visse pas ce qu'il faisait, afin apparemment de me rendre la chose plus surprenante ; je n'ai pas laissé que de remarquer quasi toutes les fois qu'il l'a faite, qu'il y ajoutait une troisième poudre, qui servait sans doute à faire cette séparation, et à empêcher les deux différentes matières de se joindre. Ce qui me confirmait encore cela, c'est qu'en faisant fondre la terre d'une minière où il y avait divers métaux, et même tous les métaux ensemble, il y jetait une poudre qui me paraissait la même qu'il mettait quand il faisait son œuf d'or et d'argent, dont je viens de parler ; et on trouvait, après qu'on avait retiré du feu le creuset, et laissé refroidir, on trouvait, dis-je, tous ces métaux séparés par couche, l'or au fond comme le plus pesant, l'argent au-dessus, le cuivre ensuite, après le plomb, l'étain sur le plomb, et enfin le fer, qui se détachaient facilement les uns des autres, et étaient tous très épurés. Il n'y a point d'Orfèvre, ni d'Affineur qui ne voulût posséder un tel secret.

Passons a quelque chose de plus curieux et, de plus essentiel, qui en faisant plaisir à la vue, peut encore prouver que les métaux ont en eux une véritable semence et un vrai esprit végétable, aussi bien que les plantes ; lequel agit de la même manière quand il est mis en liberté, et, qui étant dégagé des liens de la corporéité trop épaisse et trop dure, peut agir et faire paraître sa vertu. Le nom de *minière* que notre Philosophe donnait à cette chose, le fait assez connaître.

Il prenait une bouteille ronde de cristal le plus blanc que faire se pouvoir, de la hauteur d'un pied ou environ, et large à proportion, portant à peu près quatre pouces de diamètre, et très forte. Comme il n'en trouvait pas aisément chez les Faïenciers, il prenait la peine d'aller

SECRETS CACHÉS DÉCOUVERTS ET EXPLIQUÉS 45

à la Manufacture de Chaillot commander ces fortes de bouteilles, qu'il nommait assez ordinairement *flacons*, et plusieurs autres vaisseaux de diverses manières, dont il avait besoin. Dans le fond de cette bouteille ou flacon, il mettait une manière de terre minérale qui approchait beaucoup du *lapis-lazuli*, du soufre commun préparé, et d'autre soufre mêlé de mercure : il versait par-dessus deux sortes de mercure, d'or et d'argent, qui était le même triple mercure dont il se servait pour faire la Pierre, et un autre mercure philosophique préparé à cet effet. Quelque chose que j'aie faite pour savoir si ce mercure philosophique était le même que celui dont il se servait pour dissoudre les métaux, il ne m'a pas été possible d'y réussir, et quoique je lui aie demandé plusieurs fois et de différentes manières, il me répondait toujours que non, et que celui qu'il mettait dans ce flacon était animé, de manière qu'il était spécifique pour la végétation. Il jetait dessus du triple mercure environ une once et demie ou deux onces, car il ne pesait presque jamais rien ; et autant de son mercure philosophique dont je viens de parler. Il faisait fondre au feu le soufre qu'il avait premièrement mis dans la bouteille, qui se mêlant avec les mercures ; composait une pâte noire : il ajoutait peu à peu et de temps à autre une petite portion de mercure végétable, qui en tombant sur cette pâte noire, paraissait fermenter, s'enfler, et se durcir comme fait la pâte ordinaire chez les Boulangers, quand on y a mis le levain ; de manière que insensiblement cela formait une éminence qui ressemblait assez a une colline, et, il appelait ceci le *ferment végétatif ;* sur ce ferment il versait dix ou douze livres ou plus, suivant que le flacon était plus ou moins grand, de mercure commun animé d'un peu de son mercure végétable qu'il y mêlait. Il versait, comme j'ai dit, ce mercure peu à peu et en divers jours ; et ce qu'il faut remarquer, est que le mercure en tombant et coulant tant soit peu de côté et d'autre, faisait le même effet que l'eau qui en coulant d'une gouttière dans les grands froids, se glace en long goulis. Quand il voyait sa bouteille presque pleine de cette pâte, il remplissait le vide d'un certain menstrue fort clair qu'il avait préparé auparavant ; et qu'il mêlait pour lors avec de l'eau-de-vie : il mettait ensuite tout ce composé sur un fourneau au feu de lampe, et au bout de huit ou dix jours, tout ce mercure qui avait jusque la conservé, ou pour mieux dire, repris sa blancheur, prenait une couleur d'or qui augmentait tous les jours de plus en plus en éclat, et en huit ou dix mois de temps le tout devenait or parfait. Lorsqu'il était parfaitement mûr, les parties les plus fixes se détachaient du premier ferment : car il faut remarquer que ce n'était que le mercure commun qui se changeait en or ; et à mesure que ces parties se détachaient, il retirait adroitement cet or par le goulot du flacon, avec des pincettes faites exprès, afin de ne point gâter le ferment. Quand il avait retiré tout ce qui s'était détaché, et qu'il ne se détachait plus rien, il reversait sur le ferment de nouveau mercure vulgaire comme auparavant; et en faisant les mêmes opérations que ci-dessus, y ayant mis cette fois autant de mercure que la première fois, il retirait aussi la même quantité d'or. Je lui en ai vu composer plusieurs de cette sorte, de différentes grandeurs; il en a même donné quelques-unes à des Curieux de sa connaissance qui les ont encore.

Il m'a assuré en avoir fait une en Suède pour une grande Princesse qui vit encore, qu'il a composée de manière qu'elle en retire tous les trois mois dix livres d'or : il n'y a pas de revenu plus nec que celui-là. Certainement il n'y a rien de si beau ni de si brillant que cette tige d'or, avec ses diverses figures et feuillages éclatants; car il semblait que la nature, pour relever l'Art; se fût fait un plaisir de former tant de différent accidents.

Il y avait à de certains endroits, de cette masse qui dans sa maturité paraissait une montagne, on, y voyait, dis-je, des espèces de bois où il semblait qu'il y eût des sentiers : il y avait quelquefois sur les bords de ces bois des cavités entrecoupées comme par des racines d'arbres, semblables à celles que l'on voit autour de certaines montagnes, lesquelles ont été faites par des ravines. On y voyait un nombre presque infini de différentes tiges, sur quelques-unes desquelles il y avait des manières de fleurs et de fruits, et d'autres des branches seulement, et enfin d'autres rampaient.

Mais quoique celle de laquelle je viens de parler, fût très curieuse, il en fit une quelques jours après beaucoup plus belle, mais à la vérité moins utile. Elle était d'une figure approchante de l'autre, et composée des mêmes matières. La différence consistait seulement en ce que les branches de celle-ci étaient partie d'or, partie d'argent ; de manière que d'une tige d'or sortait une branche d'argent très pur et très blanc, et de cette branche même fortuit une autre branche d'or très pur et très luisant ; et de même, d'un tronc d'argent sortait une branche d'or, et de cette branche d'or sortait une autre branche d'argent ; et d'autres troncs d'or sortaient seulement des branches d'argent comme d'autres troncs d'argent sortaient seulement des branches d'or. Il n'y avait rien de si beau à voir que ce mélange éclatant de blanc et de jaune ; et au bout de la plupart de ces branches, on voyait comme de grosses perles d'or ou d'argent qui semblaient être les fruits de ces arbres. Il faisait cela à l'imitation des Jardiniers curieux, qui sur un même tronc greffent diverses sortes de fruits : mais il faut convenir que cette espèce de minière, car il la nommait ainsi, est encore beaucoup plus merveilleuse. Car des différentes sortes de fruits que l'on greffe sur le même arbre ne se mêlent point, au contraire les branches en sont distinctes et séparées les unes des autres, chacune portant le fruit de son espèce : mais ici les mercures d'or, et d'argent qui servent de ferment et de semence pour faire cette végétation, se mêlent comme l'eau se mêle avec l'eau, et cependant chacun produit l'arbre et les branches de sa nature, sans se mélanger et distinctement l'un de l'autre; car l'arbre qui se terminait en branche d'or, portait une manière de perle d'or; et celui qui se terminait en branche d'argent, portait une perle d'argent. J'ai bien connu que tout l'artifice de cette composition consistait à tirer séparément le mercure d'or, aussi bien qu'à tirer séparément le mercure d'argent; il les mettait ensuite dans la bouteille sans les distiller ensemble, et par la même matière qui empêchait que l'or et l'argent ne se joignissent dans le creuset, lorsqu'il faisait la projection double pour avoir dans le même temps le blanc et le jaune séparé, comme dans un œuf dur, ainsi que je l'ai ci-devant dit; par la même matière, dis-je, il faisait que ces deux semences quoique liquides, ne pouvaient jamais se mêler essentiellement ensemble, de manière que chacun produisait en végétant l'arbre de sa natures de sorte que quand d'un tronc d'or il paraissait sortir une branche d'argent, c'est qu'une portion du mercure d'argent s'était trouvée près de celui d'or, et ainsi de l'autre. J'ai déjà dit que toute la masse de ces minières était blanche; elle ne pouvait être autrement, puisqu'il ne versait sur le ferment qui était au fond du vaisseau, que du mercure commun, dont la couleur superficielle n'est autre que blanche; mais au bout de huit ou dix jours de digestion, elle prenait la couleur d'or ou d'argent qui se perfectionnait dans la suite, comme on vient de le voir.

Il disait qu'il aurait pu dans le même vaisseau faire végéter tous les six métaux distincts, mais comme cela nous aurait donné beaucoup de peine et employé trop de temps, et que d'ailleurs je tendais à quelque chose de plus essentiel et de plus utile, je lui dis que j'étais content de ce que j'avais vu de cette nature, que je ne doutais pas de la possibilité, puisqu'il l'avait fait des deux premiers métaux dans un même vaisseau, que j'étais persuadé qu'il le ferait bien des six : ainsi nous en demeurâmes là.

Passons présentement à la multiplication et végétation des grains de blé métalliques.

La multiplication et végétation des grains de blé métalliques, qu'il nommait ainsi parce qu'en effet il n'y avait rien à quoi on pût mieux les comparer pour leur forme, était une de ses curiosités semblable aux minières. Voici la manière dont il s'y prenait.

Il mettait une certaine quantité de mercure dans un menstrue, qui était une liqueur préparée à sa manière, et en peu de jours ce mercure se divisait par lui-même, par la vertu du menstrue, en petites parties qui peu à peu s'enflaient et s'allongeaient en un mot ils prenaient d'eux-mêmes la figure de grains de blé bien formés, tous de grandeur à peu près gale. Ils étaient néanmoins un peu plus gros et un peu plus longs que les grains de blé dont nous mangeons le pain, de quelques lignes : ils étaient tous quasi à demi vide par-dedans, à peu près comme un grain d'orge qui aurait bouilli dans l'eau pour faire de la tisane. Les grains étant ainsi formés, il mettait encore d'autre mercure dans le vaisseau où ils étaient et où ils avaient crû : le nouveau mercure prenait la même figure par la seule vertu du menstrue, et l'on pouvait en continuant toujours, faire une multiplication à l'infini, en les arrosant avec la même liqueur. Car comme le blé commun a besoin de l'humidité de la pluie pour croître et multiplier, et, que la terre soit disposée afin qu'il germe, notre blé métallique n'aurait ni cru ni multiplié, s'il n'eût été arrosé d'une liqueur convenable, et qu'il n'eût été mis dans une matrice propre à cet effet. C'était aussi à l'imitation de la nature des choses communes, que notre Laboureur métallique agissait ; comme les grains n'étaient que la semence primitive, il les mettait dans un vaisseau de cristal, dans lequel par la vertu du menstrue, et par un douce chaleur semblable à celle du Soleil, les grains qui étaient séparés commençaient peu à peu à s'attacher et se joindre les uns aux autres, et à végéter de manière l'un sur l'autre, qu'ils formaient une espèce d'épi, mais cependant sans tige et sans paille. Je ne puis mieux comparer cette végétation qu'a ces arbrisseaux qu'on appelle *Figuiers d'Inde*, dont les feuilles sont très épaisses et sans tiges ; car il sort de terre premièrement une feuille, de cette feuille sort une autre feuille, et quelquefois deux, et ainsi des autres ; à peu près comme on le voit dans la Figure ci-dessous représentée.

D'autres fois ils venaient comme un bouquet, et entassés comme les écorces d'une pomme-de-pin lorsqu'elle s'ouvre, et dont nous tirons les pignons. Il en venait aussi comme ces petits artichauts lorsqu'ils ne sont pas encore ouverts, et que les feuilles sont bien, serrées les unes contre les autres, pareils proprement à ceux que nous mangeons à la poivrade. Et enfin quelquefois parmi plusieurs et différentes végétations d'argent qui formaient une manière de parterre, et où il semblait que la nature se jouât à faire naître d'infinies sortes de fleurs et fruits métalliques blancs, s'élevait un ou deux de ces épis d'or qui faisaient une agréable diversité et qui brillaient extraordinairement, et de telle sorte, qu'on avait de la peine à les regarder longtemps sans changer souvent le coup d'œil, on eût aisément passé le jour et la nuit dans la contemplation d'une telle merveille; et de cette manière ce Philosophe, à l'imitation d'un habile Jardinier, se jouait des métaux, les faisant végéter en plusieurs et différentes façons, suivant sa volonté et le plus aisément du monde, en mettant en liberté leur âme végétative, et leur faisant prendre toutes sortes de formes dans l'argent-vif, qui était la terre humide et préparée dans laquelle il les semait et greffait. Voici une autre curiosité, autant rare qu'étonnante.

Il composait un mercure d'argent et un autre d'or: celui d'argent conservait sa couleur blanche, et celui d'or conservait sa couleur naturelle, c'est-à-dire jaune; car quoiqu'il les mit tous deux ensemble dans un même vaisseau, ils ne se mêlaient nullement, quelques efforts qu'on fît en les remuant et battant beaucoup pour ce faire. Ils se réduisaient bien en perles, comme on sait que le mercure commun se réduit ordinairement quand, on l'agite fort; mais la perle jaune ne se mêlait point avec la blanche; au contraire elles roulaient séparément dans le vaisseau, comme si elles eussent été effectivement des perles dures, quoiqu'au toucher elles ne résistaient pas plus que le mercure commun.

Il prétendait prouver par les trois dernières expériences, tant de la minière d'or et d'argent, de la végétation des épis d'or et d'argent, que par cette dernière des deux mercures, que les semences ne se mêlent point; mais parce qu'il ne voulait pas répondre à plusieurs objections que je lui faisais sur ce sujet, comme je l'aurais souhaité, et que d'ailleurs je ne sais pas les véritables ressorts par lesquels il faisait ces prodiges, quoique j'aie lieu de soupçonner par plusieurs raisons que la même matière séparative dont j'ai parlé il y a quelque temps, produisait tous ces effets ; je ne m'attacherai pas chercher les raisons des effets, que je ne sache les véritables causes.

Mais ce qu'avec raison il estimait davantage, et qu'on peut appeler le plus merveilleux, est le suivant.

Il distillait plusieurs fois le triple mercure, avec l'addition de quelque matière qu'il mettait en petite quantité ; il en résultait un mercure transparent comme du cristal, et si subtil que si on ne l'avait pas bouché avec une diligence extrême, il se serait évaporé aussi promptement que l'esprit-de-vin : cependant ce mercure était beaucoup plus pesant que le mercure commun, et même plus que le philosophique. Il appelait ce mercure *cristallin, mercure exubéré.*

De cette merveille, il en enfantait une autre plus grande. Il faisait dissoudre dans une quantité de ce mercure exubéré, une suffisante quantité de sa Pierre Philosophique, mais il fallait qu'elle fût aussi exubérée, c'est-à-dire qu'un poids pût transmuer au moins dix mille fois autant de mercure en argent, dans une semblable quantité de ce même mercure, il faisait dissoudre de la même manière de sa Pierre rouge exaltée comme celle d'argent.

Quand ces matières étaient ainsi préparées, il trempait une lamine de cuivre un peu mince dans le mercure où était la dissolution de la pierre blanche ; la partie de la lamine qui avait été touchée de cette matière, devenait argent pur ; et faisant la même chose d'une lamine d'argent dans la liqueur où était la dissolution de la pierre rouge, elle devenait or.

Il est à remarquer que ces lamines, dans cet état et avant que d'être fondues, conservaient le poids de cuivre et de l'argent qu'elles avaient auparavant, et n'acquéraient le vrai poids du métal dans lequel elles avaient été transmuées, qu'après la fusion.

Mais si on faisait rougir un clou au feu, ou quelque autre morceau de fer, et qu'encore rouge on l'eût trempé dans l'une de ces matières, non seulement la partie trempée se serait transmuée en or ou en argent, suivant celle dans laquelle elle eût été mouillée, mais encore si on avait projeté une partie du clou ou mercure de fer pour lors argent sur un peu de cuivre, il aurait transmué le cuivre en argent ; et la même chose en or, s'il avait été trempé dans la liqueur d'or : car le fer étant fort poreux et spongieux, il s'imbibe d'une si grande quantité de la liqueur, que non seulement il en a assez pour soi, mais encore qu'il en peut donner aux autres.

Enfin il prétendit qu'en laissant digérer des cristaux purs et nets dans la liqueur où il y aurait de sa poudre blanche, après quelques semaines de digestion, il assurait que les cristaux acquéraient la dureté et la splendeur encore plus grande que les diamants naturels ; et qu'en digérant de semblables cristaux dans la liqueur où il mettrait de sa poudre rouge, ils acquéraient la couleur du rubis, et l'éclat et dureté du diamants ce qui compose le véritable escarboucle, et enfin avec les couleurs des autres métaux toutes les autres Pierres précieuses.

J'avoue avec sincérité que c'est sur sa seule parole que j'avance les effets de ce mercure, n'en ayant fait aucune opération en ma présence ; mais après en avoir vu tant d'autres si merveilleuses, j'ai lieu d'ajouter foi à tout ce qu'il me disait car la plupart me paraissaient autant impossibles que celles-ci, avant qu'il me les eut fait voir. D'ailleurs j'ai vu dans les vaisseaux dont j'ai parlé, quand il voulut faire chez moi le grand œuvre ; j'ai vu, dis-je le mercure du Soleil et de la Lune réduits en huile transparente, prenant diverses couleurs semblables à ces Pierres dont je viens de parler.

À l'égard de la lame de cuivre qu'il disait se transmuer en or étant trempée dans son mercure exubéré, une personne de distinction m'a assuré avoir vu entre les mains d'un de ses amis, une lamine moitié argent, moitié or, que ce Philosophe lui avait données et qu'en ayant fait faire les épreuves par gens du métier, on l'avait trouvée du meilleur or et du meilleur argent.

Je ne finirais pas, si je voulais écrire toutes les opérations qu'il me dit pourvoir faire avec son mercure, dont je suis très persuadé que personne n'a jamais entendu parler.

Ceux qui liront ce Livre conviendront, telle quantité de Philosophes qu'ils aient lus, qu'il n'y en a eu aucun qui ait parlé de telles choses, quoiqu'ils aient tous réussi dans le grand œuvre. Au reste, il n'y a pas tout à fait à s étonner de ce qu'il m'assurait pouvoir faire la Pierre en si peu de temps, puisque nous voyons même par les Écrits des Anciens, que les uns ont été plus, les autres moins de temps à parfaire leur poudres, car les uns ont été trois ans, les autres deux, les autres un, et d'autres seulement neuf mois : pourquoi donc regarder comme impossible qu'un esprit plus subtil ait trouvé une abréviation ? Ce n'est donc pas cela qui me surprenait ; mais je conviens que n'ayant jamais ni lu ni entendu parler des opérations qu'il a faites en ma présence, ni de celles que j'ai rapportées, que je n'ai point vues, et qu'il dit être autant faciles que celles dont j'ai été témoin ; je conviens, dis je, que c'est cela qui m'étonnait.

Je passe présentement aux Traités que j'avais faits pour ma seule satisfaction, que je me suis enfin déterminé à donner au Public, contre mon premier sentiment ; ceux qui auront l'esprit développé de la matière, en pourront tirer de grands avantages. Je commencerai par les semences métalliques, étant la base far laquelle doit fonder ce, lui qui veut travailler au grand œuvre, et il est certain que sans cette connaissance il ne faut pas espérer d'y réussir, à moins que l'on n'ait, quelqu'un qui le fasse faire, ce qui est très rare, tous les Savants en cet art étant fort réservés sur ce point.

Car quoique nous prenions pour l'œuvre deux matières que la nature a déjà déterminées, plus l'une que l'autre, qu'elle a menée le plus près de la perfection qu'elle a pu, nous devons travailler sur ces matières, quoique déterminées, de la même manière que la nature a commencé de travailler pour parvenir à les mettre au degré où nous les recevons d'elle, afin de les pousser par notre art, en l'imitant toujours, à un plus haut degré de perfection, après cependant les avoir rétrogradés,

Il n'y a pas un Philosophe qui ne répète plusieurs fois la même chose, ou nettement ou énigmatiquement; cependant nous voyons tous les jours nombre de personnes dont plusieurs passent pour gens éclairés, qui s'éloignent infiniment de ce principe : il y en a même quelques-uns par qui j'ai entendu soutenir avec obstination que prenant les matières telles que les Philosophes nous le disent, nous ne réussirons jamais, étant, disent-ils, contre le bon sens, que nous puissions aller plus loin que la nature.

Ce n'est point aussi pour ces sortes de personnes, qui quand ils ont formé un sentiment, n'en démordent jamais, s'imaginant par ce moyen soutenir le caractère de beaux esprits, ce n'est point, dis-je, pour ces sortes de personnes que j'écris, et d'ailleurs comme j'ai déclaré, ce n'est nullement l'envie de passer pour bel esprit, qui me fait mettre cet Ouvrage au jour.

PREMIER TRAITÉ

Des semences métalliques.

Il n'y a personne, pour peu éclairé qu'il soit, qui ne sache que la véritable semence de la chose n'est ni la graine ni le sperme, mais la matière est essentielle et constitutive d'un tel être, c'est-à-dire un certain mélange de l'élément subtil en certaines proportions précises, qui font qu'une chose est telle et qu'elle a certaines propriétés ; que cette semence séminale est enveloppée d'autres éléments grossiers qui la retiennent, afin que par sa subtilité elle ne s'évapore.

On n'a qu'a voir la manière dont les Chimistes séparent, l'essence des végétaux et des animaux de ces éléments grossiers, qui loin d'avoir aucune propriété de son essence, diminuent sa force et son action, comme l'eau commune mêlée avec le vin en diminue les propriétés, quoique le vin soit engendré d'eau, que l'essence qui est dans le cep de la vigne a digérée et échangée en sa nature.

On n'ignore point aussi que l'essence séminale n'est pas seulement dans la graine du végétal ni dans le sperme de l'animal, mais dans toutes les parties de l'arbre, et dans tous les membres et particulièrement dans le sang de chaque, animal ; quoique dans le sperme et dans la graine l'essence soit plus épurée des éléments grossiers, ni quoique tout le sperme ni toute la graine ne soient pas semence, mais seulement la moindre partie d'iceux.

Et enfin il n'y a point de doute que dans les animaux morts et dans les plantes sèches il y a cette semence séminale, puisqu'on la tire et on la sépare du corps grossier pour les remèdes, quoiqu'il soit vrai que l'esprit qui faisait la végétation des plantes ou le mouvement des animaux, soit ou en partie évaporé, ou qu'il soit resté accablé et étouffé par l'abondance des éléments grossiers qui empêchent son mouvement et fon action, et c'est ce qui fait qu'on donne aux corps qui sont en cet état le nom de *morts*.

C'est par cette même raison que les minéraux et les métaux sont appelés *mort* ; parce que leurs esprits étant enveloppés dans les superfluités terrestres et salines qui prédominent dans le genre minéral, ils sont privés de tout mouvement, mais cela n'empêche pas qu'ils ne conservent dans leur intérieur leur essence, et par conséquent leur semence, qui étant séparée des impuretés grossières par l'art, peut se mouvoir et devenir multiplicative ; c'est-à-dire qu'elle pourra transmuer en sa propre nature métallique une humidité minérale et disposée en puissance prochaine à recevoir ses impressions, aidée par une chaleur externe ; de même que les semences des plantes, quoiqu'elles paraissent mortes, étant ramollies par une humidité convenable, ou par la chaleur du Soleil, ou par une chaleur artificielle, paraissent revivre, se meuvent et agissent, changeant en leur propre nature particulière l'humidité de la terre dont elles tirent leur origine.

Or comme tous les métaux et tous les minéraux métalliques tirent immédiatement leur origine de cette humidité qu'on nomme *argent-vif*, qui a été coagulé par un soufre minéral plus ou moins pur, en plus ou moins grande quantité (ce qui fait la diversité des corps métalliques) il n'y a pas de doute que l'essence séminale de l'or ou de l'argent étant extraite du corps grossier qui la contient par l'art du Philosophe, ne puisse en peu de temps transmuer en sa propre nature aurifique ou argentifique, l'argent-vif et tous les corps qui sont formés d'argent-vif ; n'y ayant que cette seule humidité que la semence de l'or et de l'argent puisse transmuer, parce qu'elle est la seule qui soit en puissance prochaine or et argent, l'or et l'argent n'étant qu'un argent-vif très pur, cuit et digéré par la nature dans les cavernes minérales, par une lente chaleur du centre causée par le mouvement des astres et par un très long temps.

Mais parce que peu de gens connaissent la nature interne des métaux, et qu'encore un plus grand nombre ignore la nature des semences, ils ne s'imaginent pas que ces semences aient la puissance de transmuer en sa propre essence le mercure universel de la terre, ou même des autres éléments, ces choses leur paraissent surnaturelles et impossibles.

Ce qui est de très certain c'est que la transmutation en or ou en argent que les semences de l'un de ces deux métaux font de l'argent-vif, est encore plus facile à être faite, que celle que les semences des végétaux font de l'humidité générale de la terre qui se change en un nombre presque infini de différentes plantes qui ont tant de fibres et d'organes divers, et tant de parties dissemblables, de tronc, de feuilles, de fleurs, de fruits et de graines ; cette transmutation, dis-je, est plus facile, d'autant que toutes les parties des métaux, sont toutes semblables, et que pour changer le vif-argent en vrai argent par la semence de l'argent, il n'est pas plus difficile que d'épaissir le lait en fromage par la présure, qui est un lait plus digéré.

Il n'y a pas aussi plus de difficulté à le changer en or par la semence de l'or, laquelle ayant en soi la teinture aurifique, elle fait que par un feu un, peut plus long, le vif-argent, quoique blanc à l'extérieur, mais qui est rouge au-dedans, comme il est assez visible en le précipitant, pousse au-dehors sa teinture, et qu'étant de sa nature presque aussi pesant que l'or, par sa restriction et coagulation au feu devient même plus pesant et plus brillant que l'or commun.

Mais, comme j'ai dit, ces choses surpassant l'esprit de la plupart de ceux qui ne font que des réflexions superficielles, et qui n'ayant aucune connaissance de cette partie de la Philosophie, et voulant se faire passer pour d'habiles gens s'attachent à former des arguments contre une science dont ils ignorent les principes et encore plus la pratique ; un de leurs plus forts arguments contre la doctrine des semences multiplicatives des métaux, est que les métaux étant froid, ne peuvent faire agir ni mettre au-dehors une semence qui ne peut produire sans être excitée par une chaleur naturelle qu'ils disent qu'ils n'ont point ; et que quand même ils l'auraient dans l'état où ils se trouvent dans les mines elle serait détruite par la fusion que l'on fait de tous les métaux aussitôt qu'ils sont tirés de leur lieu minéral, pour leur ôter et les purger de leur terrestréité grossières.

Il est aisé de réfuter cet argument qui tombe de lui-même, car si l'essence et par conséquent la semence était détruite, il faudrait nécessairement que l'or eût changé de nature dans le feu, ce qui est très faux, puisqu'au contraire on sait bien qu'ils se purifie dans les flammes, et en devient plus parfait ; ce qui arrive à cause de la parfaite union de ses parties, que le feu ni aucun élément commun ne peut séparer ni disjoindre : donc il conserve sa quintessence qui est sa semence, qui est encore plus parfaite et plus fixe que le corps qui la contient.

Et nous verrons dans le chapitre suivant qui traite de l'extraction de l'essence des végétaux, que quoique pour l'extraire on les fasse pourrir la quintessence ne pourrit pas et ne s'altère point, et, qu'ils ne laissent pas que de donner par la distillation cette essence d'une odeur surprenante, et une eau très odoriférante, qui n'est qu'un flegme teint d'un peu, de cette essence, à plus forte raison la quintessence séminale de l'or peut-elle encore moins souffrir que son corps qui résiste aux flammes ; et il est certain que cette essence aurifique doit être et est en effet plus inaltérable que tout ce qu'il y a sur la terre, quoiqu'elle soit plus fusible, que la cire, et plus subtile que les rayons du Soleil dont elle est en partie composée, ce qui paraîtra étonnant aux ignorants

Ils font encore une autre objection aussi faible que la précédente, qu'ils fondent sur la dureté et incorruptibilité du corps.

Ils dirent que quand même l'or aurait une semence en soi, elle serait morte et sans vertu, étant si étroitement unie et liée dan ce corps que nous avouons nous-même être impassible au feu qui est l'élément le plus fort et le plus puissant de tous.

Je n'ai pas cru devoir m'étendre et faire un long discours pour répondre à cette objection, on trouvera la réponse dans ce même chapitre de l'extraction de l'essence des végétaux, où je dis que tous les corps des graines et autres semences sont censées mortes, jusqu'à ce qu'elles soient ramollies dans une liqueur et humidité convenable.

Rien n'est plus dur qu'une fève, qu'un noyau de pêche, qu'un pignon, et autres semblables ; et rien ne paraît plus mort et moins capable de produire une tige ou un arbre, si, l'expérience ne nous le montrait, leur végétation nous paraîtrait impossible cependant, avec quelle facilité et en combien peu de temps les parties de ces choses, toutes dures qu'elles sont, se dilatent, s'ouvrent-elles, et font-elles paraître leur germe.

Il en est de même de l'or. Il est vrai que le feu ne lui nuit pas, et qu'il ne l'altère et ne la corrompt en aucune manière cependant ce que le feu ne fait pas, une humidité tiède et de sa nature le peut faire et le fait en effet ; tout le monde sait que le vif-argent est de sa nature, et personne n'ignore qu'en frottant l'or avec le vif-argent, il le rompt et divise ses parties : il peut aussi étant préparé, le ramollir de manière qu'il peut le résoudre en liqueur mercurielle semblable à lui, et donner lieu à l'Artiste d'en séparer l'essence séminale.

Il est vrai que ce n'est pas l'ouvrage d'une heure ni d'un jour, mais cela mérite bien que l'on se donne un peu de patience ; ce qui est de certain, c'est que plusieurs l'ont fait, et que quelques-uns le font encore.

Ils ajoutent que quand même on aurait l'essence, elle ne végéterait pas, de même que les essences des plantes extraites par la Chimie, étant répandues sur la terre, ne produisent pas des plantes et des arbres.

Je réponds ce que je prouve dans le Traité suivant de la manière d'extraire les semences de tous les corps, que ces essences avec certaines circonstances peuvent végéter, et qu'il y a une manière de produire les plantes *sans graines;* mais quand cela serait impossible dans le genre végétal, la chose n'est pas la même dans le genre minéral.

Il ne s'agit pas ici de former un tronc qui produise branches, feuilles, fleurs et fruits, et qui contienne des graines; il ne s'agit que d'avoir la substance très fixe de l'or, qui soit très fusible, très subtile et très pénétrante, qui s'insinuant et se répandant dans la substance de l'argent-vif courant, ou dans, celui qui est contenu dans les métaux, l'arrête et le fixes et je l'ai déjà dit, c'est de faire sur l'argent-vif ce que la présure fait sur le lait, et il n'est pas plus difficile à un Philosophe hermétique de fixer le vif-argent, qu'à une simple bergère de coaguler le lait pour en faire du fromage.

Toute la difficulté consiste seulement à savoir tirer cette quintessence, qui est la présure de l'argent-vif, ce qui est autant facile au vrai Philosophe, qu'à la bergère de tirer le beurre jaune du lait blanc, ou de coaguler ce lait en diverses sortes de fromages.

Si la nature ne donnait pas à la bergère le lait, elle ne pourrait faire ni beurre ni fromages; de même, si la nature ne nous donnait pas cette liqueur admirable qu'on nomme *argent-vif*, le Philosophe ne pourrait pas faire de l'or, et sans cette liqueur divine il ne pourrait pas aussi faire la présure. La bergère trouve la présure dans le boyau du veau, laquelle présure n'est que du lait qui a eu une seconde digestion.

La présure du vif-argent n'est que l'or digéré par le Philosophe à un plus haut degré de digestion et de pureté, lequel or a été auparavant argent-vif qui a eu la première digestion de l'or, comme le lait n'est que le suc des herbes qui ont eu la première digestion dans le ventre de la vache et dans ses mamelles.

L'or est donc un vif-argent digéré par la nature, digérez-le encore par art, et vous aurez la présure de l'argent-vif; mais, comme dit Geber et d'autres Philosophes, ce n'est pas un ouvrage pour les têtes dures ni pour les ignorants; et c'est même un grand bien que cela paraisse si difficile, car si tout le monde le pouvait comprendre et y réussir, tout deviendrait dans la confusion, les ordres de la nature étant tous dérangés.

On peut encore objecter que les métaux ne se produisent pas par des semences, et que par conséquent ils n'ont pas une semence multiplicative, et que, quand même on accorderait que les métaux ont en eux leur quintessence, et que cette substance pût être appelée *essence séminale*, néanmoins cette essence ne pourrait pas être multiplicative, puisque la nature ne multiplie point et ne produit pas des métaux par des semences, ainsi qu'elle fait dans les règnes végétal et animal; de sorte que les Chimistes prétendraient faire plus que la nature puisqu'ils voudraient rendre multiplicative l'essence séminale de l'or, et de l'argent.

Cette objection paraîtra très forte à ceux qui ignorent la nature des choses minérales, et ceux qui ne font point de réflexion que les semences des trois règnes sont tout-à-fait différentes ; que le règne végétal se multiplie par des graines donc la plupart des corps est terrestre et souvent enveloppés d'un noyau très dur ; que dans le règne animal les semences sont en formes aqueuses et liquides, que nous nommons ordinairement *sperme*.

Or les semences métalliques sont très différentes des deux autres, et comme les métaux et autres corps qui ont quelques rapports aux corps métalliques, se produisent dans les entrailles de la terre, cela est peu familier, n'étant pas à la portée de la vue ; ce qui fait que peu de personnes n'ont eu ni la curiosité d'examiner et de connaître comme les semences se forment, ni encore moins de savoir si ces semences ont une vertu végétative et multiplicative.

Je crois donc que je ferai plaisir aux curieux de cet Art de leur en dire quelque chose, d'autant plus que l'intention de ce Livre qui traite de toutes les essences séminales et de leur extraction, le requiert.

Pour entendre bien cette matière, il faut premièrement savoir que ce qu'on appelle *influences les astres* ne sont que des vapeurs extrêmement subtiles et raréfiées, qui émanent du Soleil et de la Lune, et des autres globes célestes qui se répandent sur la surface de la terre après toutefois en avoir été tirées auparavant, mais grossières, mêlées avec l'esprit universel qui, est l'âme du monde et le premier agent de la nature.

L'air qui nous environne est rempli de ces influences animées de cette âme universelle qui les meut, et les fait pénétrer avec elles jusque dans le plus profond de la terre. Les vapeurs aériennes et célestes par leurs mouvements continuels et naturels, élèvent d'autres vapeurs humides et salines du sein de la même terre, avec lesquelles se mêlant et circulant ensemble dans les fibres et pores de ce grand globe, elles s'épaississent peu à peu, et se corporifient en forme d'une matière gluante et grasse, qui est un des principes prochain et immédiat des corps métalliques.

Je pourrais faire voir que cette même substance en circulant, laisse dans tous les endroits de ces fibres et pores quelques parcelles de soi-même, quoiqu'en diverses proportions, élémentaires, et que c'est le principe de la génération et de l'accroissement des plantes, et même des animaux mais ce n'est pas ici le lieu d'en parler, c'est pourquoi je continuerai ce qui regarde seulement la génération des métaux,

Cette substance grasse dont nous venons de parler, n'est donc autre chose qu'un composé des influences célestes qui se sont corporifiées avec une portion déterminée des éléments les plus, subtils, qui étant digérés et cuits par la chaleur centrale excitée par le mouvement continuel des autres globes, qui se joint aussi à ce corps, fait qu'il excède en chaleur.

Or quand cette graisse est desséchée par la longue digestion dans la minière, c'est-à-dire l'endroit qu'elle a trouvé disposé à former des métaux, nous l'appelons *soufre minéral*, qui est de diverses sortes, c'est-à-dire plus ou moins pur, grossier ou subtile, inflammable ou fixe, et de diverses couleurs ; et comme cette substance sulfureuse est composée dans son origine de particules très subtiles, parfaitement unies et mêlées ensemble, il en résulte qu'elles ne peuvent pas être facilement séparées par un médiocre artifice ; car dans cet état le feu venant à l'enflammer, détruit entièrement la nature du composé.

Voilà un des principes prochains qui concourent à la génération des métaux, et ce qu'on nomme *soufre*.

Le second principe encore plus prochain, est cette substance aqueuse qu'on nomme *argent-vif*, qui se produit en partie de ce premier soufre et de ces premières influences célestes dont nous venons de parler, qui circulant sans cesse et se sublimant continuellement sur ce soufre dans un lieu humide, attirant à soi le plus qu'elles peuvent de parties salines, s'épaississent dans la suite, et forment cette liqueur admirable et unique dans son espèce qu'on nomme *mercure* ou *vif argent*, qui coule sans mouiller.

La raison de sa liquidité vient de l'eau qui la compose ; et ce qui fait que cette liqueur ne mouille pas les mains ni autres choses, c'est que les parties sèches et salines sont en proportion si égales avec les humides, et si parfaitement mêlées ensemble, que l'un n'abonde pas plus que l'autre, et l'une ne quitte point, l'autre : et comme la, sécheresse ne surmonte pas l'humidité, elle ne l'empêche pas de couler.

L'argent-vif est donc formé d'une humidité très subtile, réduite en forme d'air rempli et imprégné des influences célestes mêlées en égale proportion avec le sel le plus subtil de l'air et de la terre, et une suffisante quantité de vapeurs du premier soufre qui lui donne intérieurement la teinture rouge, qui paraît lorsqu'on le précipice et le calcine au feu ; lequel feu ne peut en aucune manière altérer sa substance, qui est la seule avec l'or qui soit incombustible ; car quoiqu'elle s'enfuie du feu, on la peut aisément rassembler, et on n'y trouve aucune altération.

Or il est à remarquer que si dans les mines où se produit le vif-argent, il y a une faible chaleur et peu de ce soufre minéral dont on vient de parler, le vif-argent reste dans sa nature coulante ; mais si au contraire il se rencontre dans ces mines une abondante quantité de ce soufre, pour lors il se mêle intimement avec lui, et lui servant de présure ils se congèlent ensemble, et forment ce qu'on appelle *métal*, qui est différent selon la quantité de ce soufre qui se mêle avec lui, et selon que ce soufre est plus ou moins digéré ; comme on peut voir dans Geber qui en parle assez clairement, de même qu'en d'autres plus modernes Philosophes qui ont traité des choses minérales.

Mais la preuve la plus certaine est que tous les métaux peuvent se réduire en argent-vif, en séparant d'eux ce soufre qui les retient et les empêche de couler ; ce qui s'expérimente tous les jours sur le plomb et sur le régule d'antimoine, avec de simples sels ressuscitatifs et sans addition d'autre vif-argent, quoiqu'avec l'addition du vif-argent on le puisse faire encore plus facilement.

Mais il ne faut pas croire que cette production ou changement du vif-argent en métal ou en autre minéral, se fasse en un instant ; il faut bien des années et souvent bien des siècles ; cela ne dépend, comme j'ai dit, que de la quantité de ce soufre, et suivant qu'il est plus ou moins excité par la chaleur interne, car se trouvant puissamment échauffé par cette chaleur, il se meut aussi bien que le vif-argent, et on voit sensiblement dans les minières que ces deux substances, c'est-à-dire le soufre et le mercure, s'élèvent et voltigent en forme de vapeurs ; qui s'épaississant ensuite par l'étroite liaison qu'ils ont fait ensemble, retombent dans la même terre d'où ils sont sortis ; qu'ils s'y cuisent, et deviennent comme une manière de pâte grasse ; ce qui est causé par la chaleur interne du soufre, qui de mêlant avec le vif-argent, le coagule.

On trouve aussi dans la même minière et dans la même terre divers métaux et minéraux, marcassites, pierres et soufres les uns auprès des autres, de même que l'on voit sur la terre tant de différentes herbes, et même de qualités contraires, être entremêlées indistinctement, et parmi ces mêmes métaux il y en a souvent qui ne sont pas mûrs, ce qui donne bien de la peine aux minéralistes, qui sont obligés de séparer avec un long travail, ce qui n'est point encore en état d'avec ce qui y est, comme aussi un métal d'avec un autre.

On ne veut donc pas disconvenir que ces métaux, dans le temps qu'ils se cuisent et qu'ils ne sont pas durcis, sont vifs, et qu'ils vivent au moins par une âme végétable; car qu'est-ce que vivre et végéter, sinon jouir d'un mouvement interne, croître par l'addition d'autres parties qu'on assimile à sa nature, et acquérir une perfection qu'on n'avait pas auparavant, et à laquelle la nature a prédestiné un tel sujet?

Or les métaux, lorsque l'esprit minéral est encore en mouvement, jouissent de cette vie, croissent, végètent et mûrissent; et quoiqu'ils ne végètent pas absolument comme les plantes, il ne s'ensuit pas pour cela qu'ils ne végètent point; car ni toutes les plantes ne végètent pas de même, ni tous les animaux ne jouissent pas de la même vie; par exemple le corail et tous les autres coralloïdes ne vivent pas tout-à-fait comme les autres végétaux, ni les huîtres ne naissent et ne vivent pas comme les autres animaux; les hommes et les bêtes vivent et croissent différemment des plantes, aussi les métaux et minéraux vivent, et croissent différemment.

Mais, parce que les gens peu instruits ne jugent que par les sens, il leur faut faire voir sensiblement que les métaux végètent d'une manière assez semblable aux arbres.

Je dis donc, et c'est une chose très connue non seulement aux minéralistes, mais encore à tous les autres ouvriers qu'on emploie aux mines, que la plupart des minières des métaux ressemblent à un arbre qui serait entièrement couvert de terre ; qu'il a de grosses racines, un tronc proportionné aux racines, que ce tronc est environné de branches de tous côtés comme, un véritable arbre, à peu prés de la manière ci-après représentée.

On sait aussi que le bonheur, ou l'habileté des minéralistes consiste à pouvoir trouver le tronc de cet arbre, qui est incomparablement plus abondant et plus riche que les branches, qui se répandent souvent fort loin de ce tronc; et que comme entre une branche et l'autre il y a quelque fois une grande distance dans laquelle il n'y a point de métal, ou seulement une petite quantité, comme ce qu'une espèce de feuille de la branche aurait pu former; il faut que les habiles minéralistes suivent, autant qu'ils le peuvent la branche, sans s'écarter, et ne pas se rebuter pour un petit intervalle qui leur paraîtra moins fourni. Il est vrai qu'il se rencontre assez ordinairement des obstacles invincibles, qui ne permettent pas de passer outre, comme des rochers très gros et très durs, et d'autres fois des eaux si abondantes, qu'elles obligent, d'abandonner le travail.

Mais ce qui est de plus curieux, c'est qu'on trouve souvent dans ces cavernes, minérales des végétations de plusieurs métaux, et particulièrement d'or et d'argent, qui ont cru en forme de corail; on en voit quelques-unes dans les cabinets des Curieux, et on en verrait encore un plus grand nombre, si la grossièreté brutale des ouvriers qui travaillent aux mines, était capable d'y faire plus d'attention, et qu'ils ne les gâtassent, en les brisant avec leurs outils.

Le Père Kircher Jésuite à Rome, avait dans son cabinet une pierre de mine d'argent mêlée d'or, dans laquelle ces deux métaux avaient végété de la manière qu'il paraît dans cette Figure, partie en filaments d'argent, partie en filaments d'or, et d'autres mêlés des deux.

On a vu et on voit encore assez souvent en plusieurs lieux, des branches d'or végéter hors de la terre ; et j'ai lu dans une relation de l'Empire du Mogol, je crois dans Tavernier, que le Roi d'Éthiopie avoir envoyé à ce Prince un arbrisseau d'or de la hauteur d'un pied, que la nature avoir produit très pur et très resplendissant.

Il est du moins certain que dans les minières de Hongrie, on trouve nombre de ces végétations, suivant ce que les Préposés à ces mines disent avoir observé ; je rapporterai en peu de mots ce qu'ils en ont dit, entre autres du Père Kircher, qui l'a inséré dans son Monde souterrain.

L'on trouve souvent de ces végétations en forme d'arbrisseaux de cuivre très pur, comme sur la terre on trouve des herbes et des fleurs.

PREMIER TRAITÉ

Et le Préfet des mines de Skréminits : prés d'Heringrand en Hongrie, répond à la demande de ces végétations, que quelquefois on trouve des pierres et des cristaux environnés de filets d'argent très déliés : il se rencontre aussi d'autres excroissances métalliques, mais le plus souvent étant mises à un feu fort violent, elles sont volatiles et s'en vont en fumée ; ce qui fait voir que la matière n'est pas encore cuite ; mais cela ne laisse pas aussi que de faire connaître que la substance métallique, pendant qu'elle est encore molle, peut végéter par l'action de l'esprit minéral interne, que l'on peut plus proprement appeler *esprit mercuriel*.

Un autre Préfet de Skréminits écrit la même chose. Dans les mines d'argent, dit-il, on trouve souvent des végétations d'argent très pur en manière de filets, qui sortent des pierres métallines ; et quelquefois on trouve des branches d'argent pur de la grosseur d'un doigt et plus, mais assez ordinairement de couleur noirâtre et plombine, quoi qu'en les fondant elles, se trouvent être d'argent très pur.

Dans le même Traité on voit encore, ce que plusieurs personnes m'ont assuré d'ailleurs, que l'on trouvait quelquefois dans les bois et dans les vignes qui viennent au-dessus des mines d'or de Tokai, que ce précieux métal avait végété avec les plantes, et qu'il se rencontre souvent des filaments d'or dans les ceps de vignes et dans les autres plantes.

Nous avons dans une des Relations qui nous ont été données par plusieurs Préfets des mines du Pérou, que deux des plus fameuses minières de ce Pays avaient été trouvées par un semblable hasard. Elle dit qu'un Indien nommé *Cualpa* voulant arracher un petit arbrisseau, pour lui servir de canne et s'aider à monter plus aisément une colline, s'aperçut que les racines de cet arbrisseau étaient toutes d'or, lequel avait végété avec l'arbre ; et remarqua que tout autour de cet arbre, l'or paraissait à fleur de terre en forme d'herbes, en assez grande quantité ; il découvrit la terre, et en trouva beaucoup plus. Il en fit son profit pour quelque temps sans en rien dire : mais comme on s'aperçut qu'il augmentait de jour en jour sa dépense, qu'il devenait plus délicat sur sa table, plus magnifique dans ses habits, et plus somptueux dans ses équipages, les Espagnols qui étaient pour lors maîtres de ce Pays, et qui examinaient de près les Indiens, prévenus qu'ils étaient que le pays était abondant en or, en ayant trouvé une si grande quantité quand ils s'emparèrent du Mexique, du temps que Montezuma y régnait, sous la conduite de Fernand Cortez, ayant trouvé, dis-je, de l'or employé en des choses les plus communes, ils soupçonnèrent que ce Cualpa avait trouvé quelque mine ; de sorte que quelque précaution qu'il prit pour se cacher, sa grosse dépense à laquelle le peu de bien qu'on lui savait n'était pas capable de fournir à beaucoup près, le découvrit, on le suivit, et on s'empara de cette mine, qui s'est trouvée et se trouve encore très abondante.

Un chasseur suivant sa proie avec action au haut d'une montagne fort escarpée et qui n'était point pratiquée, ou l'ardeur de la chasse l'avait entraîné, eut les yeux frappés d'une lueur causée par les rayons du Soleil qui donnaient dans un endroit de cette montagne : il s approcha de l'endroit pour savoir ce que c'était, il vit quelque chose de fort resplendissant ; et enfin il s'aperçut qu'une manière de buisson d'argent avoir soulevé la pierre qui était sur la coupe de la montagne, de la même manière que l'herbe forte soulève la terre lorsqu'elle en veut sortir. Il en fit aussi son profit, mais les grandes richesses découvrirent celui-ci comme le premier : on lui ôta non seulement la mine, mais encore quasi tout ce qu'il possédait.

Et sans aller chercher dans des Pays si éloignés, je rapporterai une chose qui m'et arrivée a moi-même. Comme je faisais travailler chez moi il y a 14 ou 15 ans, une Aiguière d'argent par un habile Compagnon Orfèvre, afin qu'étant tous mes yeux, elle fût faite avec plus d'attention, mon dessein étant d'en faire présent à une grande Dame ; ayant dans le même temps les maçons pour quelques augmentations que je faisais faire dans ma maison, lesquels étaient conduits par un Architecte de cette Ville de Paris, qui a fait quelques ouvrages publics d'assez bon et goût, qui est mort depuis quelques années.

Cet Architecte étant venu un jour à son ordinaire voir ses ouvriers, demanda à me parler en particulier :

je le fis entrer dans mon cabinet ; il tira un papier tortillé de sa poche, et me pria de l'ouvrir pour voir ce qu'il contenait.

Je le pris, et le trouvai beaucoup plus pelant que je ne m'y étais attendu ; l'ayant ouvert, j'y trouvai une terre verdâtre, semblable quasi en tout à les sables dont se servent les fondeurs. Je lui demandai ce que c'était que cela : il me répondit qu'il n'en savait rien, mais que faisant actuellement fouiller dans un endroit où il allait bâtir une maison, il avoir trouvé beaucoup de cette terre ; qu'un Particulier qui s'était trouvé là par hasard, en avait pris avec sa permission, et que s'étant enquis de ce Particulier ce qu'il en voulait faire, il lui avait répondu naturellement qu'il voulait la mettre dans un creuset, pour voir ce quelle deviendrait parce que cette terre lui paraissait n'être pas une terre à l'ordinaire ; que quoique cet homme lui eût promis de lui en dire des nouvelles, il n'en avait pas entendu parler depuis, que s'étant souvenu que j'avais chez moi un Compagnon Orfèvre, il m'apportait de cette terre pour la faire examiner par cet homme.

Je la donnai en effet au Compagnon, qui la mit dans un creuset sur un petit fourneau : il y en avait environ ce que pourrait contenir une boîte de montre de femme, comme on les fait aujourd'hui ; il en tira un lingot d'argent gros comme une petite noisette, que l'on rendit le lendemain à cet Architecte.

Je lui conseillai d'en faire tirer le plus qu'il pourrait, ou bien d'en donner avis au Roi, qu'il en aurait une bonne récompense. Je ne sais ce qu'il fit, mais quand je lui en demandai des nouvelles quelque temps après, il me dit qu'il avait fait combler cet endroit, ne s'étant pas trouvé propre à faire la cave, qu'il avait projeté d'y faire, et qu'il n'avait pas voulu s'embarrasser de tout cela.

Je serais trop long si je voulais rapporter une infinité de pareilles histoires, dont la plupart étant connues aux Curieux, ne feraient que les ennuyer. Je dirai donc en un mot qu'il n'est pas plus difficile à comprendre que l'esprit éthérée qui forme et mûrit la substance encore molle du métal, la fasse végéter comme le corail et autres plantes qui se durcissent et se pétrifient dans la suite ; c'est le même esprit qui les meut et les anime ; et quand il ne peut plus se mouvoir, il reste enchaîné et comme étouffé sous le poids de la matière grossière qui l'enveloppe et l'empêche de se mouvoir et d'agir.

Mais ce n'est pas aurez d'avoir fait voir que cet esprit minéral qui est dans l'essence métallique, est végétatif, il faut encore montrer qu'il est multiplicatif, comme toutes les autres essences séminales. Je pourrais en apporter plusieurs autres preuves que celles que j'en vais donner, mais je me contenterai de celles qui suivent, comme les plus sensibles.

Nos Modernes ont reconnu véritable ce que Pline a dit il a environ dix-sept cent ans, et Strabon depuis, de la petite île d'Elbe, sur les côtes de la Toscane. Ils disent tous deux que la terre minérale de laquelle on a tiré le fer, étant remise dans la mine ou exposée en monceaux à l'air, reproduit de nouveau fer aussi bon que le premier, et en aussi grande abondance.

Cisalpinus confirme élégamment cette vérité, qui est connue de tous les Curieux et de tous les gens du Pays. L'île d'Elbe, dit-il, est illustre par les mines d'une abondance incroyable de fer qu'on tire encore de notre temps.

La cause d'une si grande abondance, continue-t-il, vient de ce que la terre que l'on tire de la mine après en avoir séparé le fer, reproduit avec le temps encore de nouveau fer. Or cela ne peu arriver que par la vertu de la semence minérale dont cette terre est remplie, qui convertit les vapeurs qui descendent de l'air et la pluie même en sa nature, de même que font les plantes et les arbres.

Agricola prouve tout ce que je viens de dire par un autre exemple semblable de son Pays. Il nous dit que prés du Château de Jaga on tire le fer dans certaines Prairies, creusant la terre à la profondeur de six pieds; et de ces mêmes fosses qu'on remplit de la même terre, on en tire dix ans après de niveau fer, de la même manière qu'on le fait dans l'île d'Elbe.

Plusieurs personnes habitants du Pays m'ont assuré que la pareille chose arrive en plusieurs lieux de Normandie, comme Évreux Laval, et autres endroits dont j'ai oublié les noms; mais les gens qui m'en parlaient étaient fort instruits; et même quand ils furent retournés chez eux, ils m'envoyèrent quelques petits sacs de diverses minières de fer, d'une desquelles entre autres le fer était aussi mou et pliant que le plomb: de manière qu'en le fondant lorsqu'on l'avait tiré de la minière, on était obligé d'y infuser certains ingrédients pour le durcir, afin qu'il pût servir aux usages auxquels on emploie le fer.

Ce qui, je crois, est la véritable cause que le fer est si cassant, au contraire de celui de l'île de l'Elbe, dont j'ai vu des morceaux, et de quelques autres mines d'Espagne qui est naturellement dur, mais qu'on peut plier et replier plusieurs fois sans qu'il se casse: ce que je dis afin que l'on voie que tout le fer, quoique vrai fer, n'est pas précisément au même degré. Les mêmes différences se trouvent dans les autres métaux, dans lesquels je comprends l'or et l'argent, dont les couleurs sont plus ou moins parfaites, plus ou moins doux, plus aisés ou plus difficiles à fondre, quoique l'essence au fond soit la même, et ne diffèrent qu'en certains accidents.

Mais pour ne pas quitter notre discours de la production des métaux, dont plusieurs avant moi ont traité, on peut voir entre autre Fallopius, qui rapporte plusieurs exemples des mines qui reproduisent le fer. Mais je ne puis omettre ce que dit le savant Gerardus, qu'aux mines de fer, près d'Amberg en Allemagne, on répand dans la terre de laquelle on a auparavant tiré le fer, des cassures et limures de ce métal, après quoi on amasse cette terre en gros monceaux, ensuite on la laisse exposée aux rayons du Soleil et aux pluies pendant douze ou quinze ans sans y toucher davantage ; et à la fin de ce temps on en tire une très grande quantité de fer, ce qu'on réitère plusieurs fois. Mais ce fer ainsi reproduit est d'une si grande dureté, qu'il ne peut être employé qu'à faire des plaques pour les cheminées, ou pour faire des fourneaux ; on en peut faire aussi des canons et des boulets.

Il n'y a point de doute que cette multiplication si abondante de fer provient de ce que le vieux fer qu'on met dans la terre se pourrit et se mêle avec le ferment, séminal de la même minière étant délayé par les pluies ; de sorte que l'essence séminale du vieux fer étant dissoute et déliée des liens qui la tenaient enfermée, agit à peu prés de même, que les autres semences, attirant à soi comme un aimant, et changeant en sa propre nature l'air, l'eau et le sel de la terre, qui se convertissent en fer par la suite des temps.

Le très savant et curieux M. Boyle confirmé tout ce que je viens de dire par plusieurs expériences que l'on voit communément en Angleterre son pays, où les mines d'étain sont abondantes, et où il y en a quantité.

Tous les minéralistes que j'ai interrogés, dit-il, sur la manière dont ils ouvraient les mines, comment ils en tiraient l'étain, de quelle sorte ils le purifiaient, et ce qu'ils faisaient quand la mine ne rendait plus guères, ou qu'ils n'en pouvaient plus rien tirer; ils m'ont tous assuré qu'après avoir tiré entièrement la mine, si l'on exposait la terre qui en était sortie, à l'air pendant quinze ou vingt ans, on en tirait encore une grande quantité d'étain, et avec beaucoup de profit.

On peut lire le petit Livre que ce savant homme a donné au Public, de la régénération des métaux dans leur propre terre exposée à l'air, on y verra des expériences certaines de cette reproduction; et parlant du plomb, voilà ce qu'il en dit.

J'ai demandé à un ami qui avait obtenu du Roi le privilège de travailler aux mines de plomb, plusieurs choses concernant ces mines; il me disait entre autres, qu'après avoir tiré la première fois tout le plomb que contenaient les terres qui avaient été tirées de la mine, la même terre étant assemblée en monceau et exposée à l'air, au bout d'un certain temps elle reproduisait de nouveau plomb en abondance et avec beaucoup de profit. Et il marque dans le même Livre que généralement tous les Minéralistes assurent que cette reproduction des métaux est plus sensible, plus prompte et plus abondante dans le plomb que dans aucun des autres métaux. Mais une chose assez remarquable, que le même M. Boyle avec sa sincérité ordinaire rapporte, est que cette reproduction de plomb était particulière à de certaines mines, que cela n'arrivait pas à toutes, suivant les expériences qu'on en avait plusieurs fois faites; ce que je crois qu'on peut attribuer à ce que le ferment séminal peut être plus ou moins abondant en une minière qu'en une autre ; ou bien que par l'ancienneté de la mine, il soit ou trop concentré, ou trop cuit, ou bien que cette essence se soit évanouie, ou pour mieux dire évaporée ; car nous voyons que la plupart des graines ne végètent point, si elles ont été trop longtemps gardées ou exposées à l'air, et qu'au contraire elles pourrissent dans la terre ayant été semées.

Il est aussi à observer que la nature n'est pas partout la même, tant à l'égard des principes multiplicatifs, que des lieux et des circonstances qui doivent contribuer à tette multiplication. Il est vrai qu'elle doit agir également partout, quand elle trouve les mêmes dispositions ; mais comme ces dispositions ne te trouvent pas toujours, il n'est pas étonnant qu'elle fasse dans un lieu ce qu'elle ne fait pas dans l'autre.

Le même Boyle rapporte plusieurs choses semblables sur la végétation de l'or et de l'argent, et soutient que ces mêmes métaux renaissent et se reproduisent comme les autres dans la terre d'où on en a tiré, pourvu que cette terre demeure exposée aux influences, et encore mieux quand elle a été remise dans les mêmes fosses où on l'avait puisée.

Il rapporte encore les paroles du savant Gembardus, qui dit qu'à Cerba, ville de la Westphalie soumise au Comte d'Insburg Waldex, qu'après avoir tiré tout ce qui l'on peut d'or des mines, on assemble les terres de ces mines que l'on laisse exposées à l'air, et que tous les quatre ans on travaille un de ces monceaux, dont on tire une bonne quantité d'Or, et avec beaucoup de profit, la nature réparant ainsi le dommage que l'on a fait à ses ouvrages.

Le Docteur Édouard Broyain dit les mêmes choses d'une minière d'un certain endroit pas fort éloigné de Kaminiek ville forte et considérable en Hongrie. Il parle encore d'autres minières d'autres endroits, et voila ses paroles.

J'ai donné ailleurs plusieurs exemples certains de ces végétations, et principalement de l'argent, en forme d'arbrisseaux et d'herbes ; et un ami fort curieux, qui a beaucoup voyagé et visité les minières les plus fameuses de Potosi ; tant d'or que d'argent, dit dans son Traité, que le meilleur argent que l'on apporte de cette Province, est celui que l'on trouve dans la montagne d'Aranzoste, et que l'on lui a assuré que ces mines avaient été autrefois puisées et abandonnées, et remplies de la terre qu'on en avait tirée, lesquelles donnent à présent l'argent au plus haut titre, que l'on remarque y avoir été reproduit nouvellement, et depuis un certain nombre d'années.

C'est ce que le même Boyle dont j'ai parlé naguère, dit dans son Traité des qualités occultes de l'air, et où il remarque avec beaucoup de discernement que quelques-unes de ces terres n'avaient pas été exposées à l'air, mais enfermées dans leurs grottes minérales.

Et il ajoute ces paroles : ces observations et ces remarques me font douter si l'on doit attribuer cette régénération des métaux au contacte ou à l'action simple de l'air, ou plutôt à une semence ou ferment métallique qui est renfermé dans cette même terre minérale qui fait cette reproduction.

Mais ce grand homme qui semblait incertain du parti qu'il devait tenir, ne laisse pas que d'avoir raison de l'un et de l'autre côté, puisqu'il est certain que la matière aérée contenant les autres trois éléments, comme les autres éléments la contiennent elle contribue aussi de sa part à cette reproduction, et d'autant plus, que nous avons ci-devant vu que l'origine des métaux vient, et la substance métallique se forme des vapeurs de l'air qui s'épaississent dans le sein de la terre et comme dans cette terre minérale est répandu une vapeur séminale des métaux, il n'est point étonnant que l'essence séminale change en sa propre nature la vapeur humide de l'air, et l'eau même, ainsi que l'essence séminale de l'absinthe ou de la réglisse change en un suc doux ou amer la même eau de pluie et les mêmes vapeurs de l'air.

Ce qui peut encore prouver davantage la force de l'essence séminale qui quelquefois se trouve plus puissante et plus vigoureuse en certains lieux et en certains sujets qu'en d'autres, c'est ce que nous voyons dans le même Traité de Boyle, qu'un de ses amis curieux lui fit voir un morceau de pierre de mine d'argent, autour duquel il lui fit remarquer quelques végétations qui s

PREMIER TRAITÉ 89

étaient faites, et que les filaments d'argent qu'il voyais, s'étaient produits quelque temps après que cette pierre eut été en son pouvoir; ce qui semble ne pouvoir provenir d'autre cause, sinon que cette terre pierreuse était tellement remplie de semence métallique qu'elle avait comme un aimant, attiré l'air, et l'avait changé imperceptiblement et peu à peu en sa nature d'argent.

Je rapporterai en forme de corollaire une chose fort connue dans l'Italie, qui, quoiqu'elle paraisse en quelque manière différente, puisqu'elle n'est pas du genre métallique, ne laissera pas de rendre encore plus sensible et de mieux faire comprendre ce que je viens de dire.

À quatre ou cinq lieues de Rome, pas loin de Tivoli, il y a une, montagne nommée *Poli*, appartenant au Duc de ce nom. Dans cette montagne il y a nombre de pierres, lesquelles quoique dénuées de terre et en apparence fort sèches, au Printemps lorsque la rosée et les pluies douces les humectent, produisent des champignons d'une grosseur extraordinaire, dont quelques-uns pèsent jusqu'à trente livres, et même plus, lesquels sont très délicats quand ils sont cueillis jeunes. C'est la raison pourquoi le Duc en fait présent aux Grands de sa Cour, et en envoie à plusieurs endroits, comme étant plus sains et meilleurs que les autres.

Mais-ce n'est pas seulement en cela que consiste la merveille, c'est que l'on vend et les Curieux achètent de ces pierres, dont la plupart sont de forme carrée et longues, lesquelles étant mises dans un lieu frais, et couverte de deux doigts de terre, seulement arrosées d'eau tiède de trois ou quatre jours l'un, elles produisent d'excellents champignons ; mais il faut quelquefois les laisser reposer trois ou quatre jours, de crainte qu'elles ne s'épuisent, comme cela est arrivé à ceux qui ont toujours continué de les arroser ; et afin qu'elles reprennent une nouvelle vigueur des vapeurs de l'air, par lesquelles elles redonnent de la force à leur semence interne, pour une nouvelle reproduction. On voir aisément que c'est une bizarrerie de la nature, qui fait que ces pierres sont si fort remplies, et pour ainsi dire pétries, d'une essence séminale de Champignons, qu'elles changent l'humilité de l'air et l'eau même très facilement en la nature de ce végétal.

Or ce que cette essence d'un végétal qui se produit naturellement sur toutes sortes de terres disposées en une heure ou deux, ce que, dis-je, fait l'essence qui est renfermée dans ces pierres, en deux ou trois jours, l'essence minérale le peut faire de même en plusieurs années puisque nous avons vu que les métaux, ont à leur manière une essence séminale, végétable et multiplicative. J'avais oublié de dire que ce n'est pas seulement dans cette montagne de Poli que ces pierres à champignons se produisent, mais encore dans l'Abruze et en d'autres endroits d'Italie.

Un curieux qui avait voyagé dans ces Pays, en avait apporte une à Paris il y a environ vingt ans, qui produisait des champignons comme en Italie, en la gouvernant comme j'ai ci-devant dit. Plusieurs Auteurs parlent dans leurs Livres de ces pierres, entre autres Mathiol, Cardan, Porta, Imperatus, et Kircher. Je pourrais donner encore plusieurs autres exemples de ces reproductions et particulièrement de toutes les natures de sels fossiles, entre lesquels je peux rapporter le sel qu'on tire continuellement de la montagne de Cardonne en Catalogne, il n'y a point de doute que l'eau de la pluie et de l'air se changent en sel, après qu'elles ont été quelque temps à fermenter dans les terres où ce sel fossile se produit ; et que lorsque les pluies se répandent sur ce sel qu'elles dissolvent et avec lequel elles fermentent, il est certain que cette pluie par la chaleur du Soleil jointe avec l'essence séminale de la minière, se convertit en vrai sel, et c'est ce qui fait que cette mine est inépuisable, puisqu'elle n'est pas détruite depuis tant de siècles qu'on en tire. Il en est à peu près de même des fameuses mines de sel de Cracovie en Pologne, dans lesquelles quoique l'eau de la pluie n'y tombe pas et n'y pénètre pas visiblement, cependant, il est constant que le sel se reproduit sans cesse, et que les murs de cette ville souterraine croissent et augmentent visiblement, tant par les vapeurs qui viennent du centre, que par celle de l'air qui ne peuvent manquer d'y pénétrer : ce qui fait que quoiqu'on tire continuellement une infinité de charges de sel qu'on trouve ordinairement très pur et en forme de grosses pierres, elle est autant abondante que si on en avait point encore tiré; et cependant elle fournit quasi seule la Pologne, et plusieurs autres Provinces voisines depuis nombre de siècles: de sorte qu'on la regarde comme inépuisable, parce que, comme je l'ai dit, elle le reproduit incessamment, la nature réparant comme aux arbres par le ferment séminal, la plus grande partie de ce qu'on lui a ôté.

J'aurais tant d'autres exemples à apporter de ces reproductions minérales, qu'à la fin je deviendrais ennuyeux. Ceux que je viens de donner doivent suffire aux Curieux qui, ont des lumières. S'ils en voulaient davantage encore pour les convaincre, ils en trouveront chez les Naturalistes et les Savants dans cette Science qui en ont écrit; il y a un assez grand nombre d'Auteurs sur ces matières, pour les contenter.

Ce n'est que pour les Curieux que j'ai mis ici toutes ces histoires, que je ne me serais pas donné la peine d'écrire pour les ignorants, puisque ce serait travailler inutilement.

DEUXIÈME TRAITÉ

La manière d'extraire les essences séminales des corps des trois règnes, végétal, animal & minéral, pour la Médecine.

Les Philosophes Chimistes disent que leur Art consiste à séparer le pur de l'impur : il faut voir ce qu'ils entendent par ces paroles.

Ils distinguent dans tous les composés deux substances, une pure, l'autre impure. La substance pure est l'essence séminale du sujet, et cette substance se tire en forme liquide, laquelle par leur art et par une longue digestion, ils peuvent dessécher et réduire en poudre.

Cette liqueur a toute la saveur, odeur, couleur, et toutes les propriétés spécifiques du mixte dont elle a été extraite ; et c'est cette substance essentielle en forme de liqueur, qu'ils appellent *mercure, humidité radicale de la chose, semence, quintessence, âme du sujet*, et de plusieurs autres noms ; et quand elle est réduite en forme sèche, ils l'appellent *sel*, parce qu'elle est soluble comme le sel commun : et si ce mercure ou sel est inflammable, ils l'appellent *soufre*, ou bien *mercure sulfureux*. Ce qui fait connaître que chaque individu, a son propre mercure spécial, qui est sont humidité ou essence radicale. Cette essence étant extraite, ce qui reste du composé est ce qu'ils appellent *corps impur*, qui paraît ordinairement en forme, d'une eau insipide et puante qu'ils nomment *flegme*, ou dans la forme d'une terre sans goût, ou bien il reste un peu de l'une ou de l'autre de ces deux substances, suivant les individus sur lesquels on travaille.

Ce corps impur n'ayant aucune des vertus du mixte, et étant une matière puante, est appelée par eux avec raison *corps mort*, étant privé de son âme qui est son essence, et n'ayant aucune vertu ni propriété de l'essence dont il est dépouillé. Car le corps est formé d'une eau pluviale, et d'une terre grossière qui est comme la boîte où l'âme est enfermée comme une éponge imbue de quelque baume ou autre liqueur odoriférante, laquelle odeur étant parfaitement exprimée de l'éponge, reste sans aucune des vertus que la liqueur dont elle était imbue lui communiquait.

Or les Chimistes prétendent raisonnablement que toute la vertu du mixte consistant dans le mercure essentiel, deux ou trois gouttes de la chose a beaucoup plus de vertu pour la Médecine, qu'une grosse quantité d'herbes qu'on pourrait manger, et que l'estomac du malade affaibli d'ailleurs, en est bien plus facilement soulagé, n'ayant pas a digérer lui-même cette herbe, pour en diviser le grossier de la substance, et en extraire la quintessence qui doit être son remède; et d'ailleurs le marc des éléments impurs qui lui resteraient dans le corps, ne peut lui causer que de la corruption, et lui faire plus de mal que l'essence ne lui ferait de bien. Il est vrai que les Apothicaires par leurs infusions, décoctions et extraits, fruit quelque chose d'approchant séparant le marc des végétaux autant qu'il leur est possible, d'une liqueur plus essentielle, et moins grossière et impure; mais cela est bien éloigné de produire les effets des extraits philosophiques; et d'autant plus que leur art ne s'étend pas plus loin que sur les végétaux, qu'ils ne traitent, comme je viens de dire, que superficiellement, et dont la plupart sont corrompus par la malignité de l'humeur interne qui cause le mal, et lesquels n'opèrent que par des purgations qui font des révolutions violentes dans le corps, et qui emportent également les bonnes et mauvaises humeurs, d'où il arrive plutôt la mort du malade que son rétablissement: ce que les excellentes médecines et extraits philosophiques ne font point, et sont même très agréables au goûts, leur action principale consistant à fortifier les principes balsamiques de la vie, et rectifier et changer par la digestion les mauvaises humeurs en bonnes, et à chasser par une insensible transpiration tout ce qui est hétérogène et malin, et par conséquent purifier la masse du sang, en quoi seul consiste la santé.

Il et vrai que l'extraction de ces essences est longue et pénible, mais avons-nous rien de plus précieux que la santé, et doit-on regarder comme une peine les soins que l'on prend pour se la procurer ? C'est, je crois, à quoi tendent tous les sages, la vie étant une chose très ennuyeuse sans la santé, et comme je sais que les Curieux, outre l'intérêt qu'ils y ont, ont un vrai plaisir d'être instruits des choses qu'ils ne savent pas, je tâcherai de les contenter, en leur apprenant la manière de faire des extractions.

Mais parce que ce serait un ouvrage trop long de donner les moyens d'extraire les essences de chaque corps, je donnerai seulement les règles générales des extractions de celles des trois règnes : on entend que c'est végétal, animal et minéral.

La première règle est qu'il est impossible de faire une véritable séparation des parties qu'on appelle *essentielles* et pures, des accidentelles et impures, que tout le composé ne soit corrompu et putréfié, et réduit en liqueur ; car comme toutes choses viennent d'une humidité sensible qui se corporise, il faut le mettre dans son premier état, le rétrograder et le faire redevenir liqueur ; et c'est ce que les Chimistes appellent *réduire le corps en sa première matière*. Le corps étant ainsi corrompu et réduit en liqueur par la putréfaction, les parties pures et essentielles peuvent être facilement séparées des impures et accidentelles.

La deuxième règle est que cette putréfaction doit être naturelle et nullement violente, afin que rien ne se perde de ce que nous cherchons, c'est-à-dire qu'il faut que tout se corrompe par sa propre fermentation en un vase ou rien ne se dissipe ni se perde par le feu ou autrement.

La troisième, qu'il ne faut rien introduire ni mêler avec la chose qu'on veut corrompre, qui ne soit absolument de sa nature ; car l'essence d'une chose altérerait l'essence de l'autre, et il en résulterait un troisième être qui ne serait ni l'un ni l'autre. Car si pour extraire l'essence du sucre, on mêlait ou du vinaigre ou du jus d'absinthe, il est aisé de comprendre que l'on n'aurait pas la pure essence du sucre, qui doit être d'une douceur admirable et d'un goût très suave.

Enfin, que la séparation de la partie pure et essentielle soit entièrement divisée de la partie impure et grossière, et qu'elle se fasse, comme j'ai dit, sans violence ; cette opération se fait aisément, il n'est pas nécessaire d'être Artiste pour cela.

La nature premièrement nous instruit, et la pratique fait le reste ; nous n'avons qu'à disposer les choses, et ne pas pousser le feu, au cas que ce soit le feu dont nous nous servions. Il faut donc commencer par un petit, feu, et voir dans cet état ce qu'il produit ; quand on voit qu'il agite un peu la matière, il faut le laisser jusqu'à ce qu'on voie que l'action se ralentisse, auquel cas il faut l'augmenter, et toujours avec la même précaution, et le mener ainsi de degrés en degrés jusqu'à la fin de l'œuvre.

C'est donc, comme l'on voit, la prudence seule qui doit conduire, et qu'il n'est pas nécessaire d'avoir vu opérer, ni d'être conduit par quelqu'un qui ait déjà travaillé, puisqu'on peut se rendre soi-même Artiste, et de cette sorte *fabricando fabri fimus*.

Mais afin qu'on ne puisse pas se plaindre que j'en dis trop peu, je veux bien rendre encore la chose plus sensible. Je dis donc que la manière d'extraire les essences des végétaux, et des animaux qui ont en eux une humidité actuelle, est la même à peut de choses près.

Mais parce qu'on ne se sert guères des essences des animaux, nous parlerons plus particulièrement des végétaux, qui nous serviront d'instruction pour les autres.

Prenez telle herbe qu'il vous plaira, par exemple de la sauge pilez-la médiocrement, c'est-à-dire macérez-la, et faites-la putréfier et fermenter dans du fumier ; après qu'elle aura été mise dans un vaisseau bien clos où il y aura quelque vide, quand elle aura ainsi fermenté quelques semaines, retirez-la, vous la trouverez puante ; exprimez en à la presse tout le suc, et mettez à part le marc que vous pourrez faire sécher ; et si vous voulez avoir une plus grande quantité d'essence, et même meilleure, ayez encore d'autre sauge, pilez-la comme la première, mettez-la de même dans un vaisseau, rejetez-y dessus le premier jus déjà fermenté, et faites tout fermenter comme vous avez fait ci-devant.

Vous pouvez réitérer cette opération autant de fois qu'il vous plaira, le plus souvent est le mieux. À la fin, passez tout ce jus par un linge, et le mettez encore au fumier ou au bain pendant huit jours, séparez les fèces par le linge ou en le filtrant ; cela fait, distillez au bain pour séparer les éléments, il viendra une eau que vous garderez à part, et dans le fond il restera ce que Paracelse appelle l'*élément prédestiné*, qui est l'huile essentielle qui est encore très impure. Il faut séparer les éléments purs des impurs.

L'élément pure est en forme d'huile, mais qui a encore mauvaise odeur à cause des éléments impurs qui y sont restés ; séparez-les avec adresse vous servant de la partie plus spiritueuse de l'eau que vous avez distillée auparavant.

Quand vous aurez tiré cette huile qui est le vrai mercure essentiel de la sauge, vous pouvez la faire circuler encore quelques jours, afin de la rendre plus pure : elle aura pour lors l'odeur, la saveur la couleur, et toutes les propriétés de la sauge, dont quelques gouttes dans sa propre eau, ou dans un bouillon ou autre liqueur disposée à cet effet, feront un remède très prompt et très efficace aux maladies ou la sauge est propre.

On peut tirer du marc, qui est resté une huile essentielle par la distillation à feu ouvert ; cette huile qui distille est très puante, mais si on la purifie elle devient autant odoriférante que l'autre, et même meilleure.

On peut ensuite tirer des cendres un sel fixe qu'on peut volatiliser par la même essence, et en excitant une légère fermentation dans ce sel dissout dans son eau, car tous les sels fixes ne sont fixes que par une terre extrêmement subtile, insipide, qui leur est adhérente, et qu'il faut séparer ; cette terre séparée, ils deviennent sels purement essentiels, volatils, légers et très pénétrant, lesquels étant dissous dans leurs mercures et circulés ensemble. Augmentent la force de ce mercure, qui pas une longue circulation peut se coaguler en sel essentiel.

Cette opération est longue et ennuyeuse, ce qui pourrait dégoûter bien des gens de s'attacher à l'Art chimique ; mais en voici une que le hasard a donné aux Modernes, qui est beaucoup plus courte, et par conséquent moins ennuyeuse.

On prend la sauge ou autre simple tel que l'on veut choisir, que l'on fait dessécher à l'ombre, ensuite on prend cette sauge, si c'est de la sauge, on la fait macérer en grande quantité d'eau et dans un grand alambic de cuivre à grand feu. Quand cette eau bout, il en sort une eau que les Distillateurs et Apothicaires vendent pour eau de sauge, parce qu'elle en a l'odeur, et qu'elle est teinte d'un peu de l'essence de sauge. La marque du peu d'essence qu'elle contient, est que mettant cette eau dans des carafes à long col, ce qu'elle contient d'huile essentielle monte dans le col de ces carafes que l'on a laissées reposer, laquelle huile a à peu prés les mêmes vertus que, celle dont j'ai parlé ci-devant, et lui ressemble assez, mais il y en a beaucoup moins que de l'autre, et le reste de l'eau n'est propre à rien, et même cette huile est moins efficace que l'autre. Cependant le peu de temps et la facilité de l'avoir ne laissent pas que de la faire estimer beaucoup.

    J'ai connu une personne qui avait de cette huile de sauge, et aussi de celle d'absinthe tirées de cette manière, lesquelles mêlées avec du sucre fin se conservaient très bien. Pour en prendre aisément et efficacement, on peut faire fondre un petit morceau de sucre dans de l'eau pour en emplir une cuillère, et y verser une demie goutte de ces essences : cela est très propre à conforter l'estomac ; et ces essences sont moins fortes à prendre de cette manière, que dans quelque ligueur que ce soit, où l'essence surnageant, va s'attacher aux parois de la tasse en l'inclinant pour boire, et de cette manière il s'en perd plus qu'on n'en boit.

    Je crois qu'il ne sera pas mal à propos de sire ici une remarque, qui sera assez nécessaire, ce me semble, aux Curieux qui voudront faire cette opération, et qui pourraient peut-être ne la pas achever, lorsqu'il leur arriverait ce que je vais dire : c'est que lorsqu'on fait pourrir les herbes ou les animaux, cette pourriture est ordinairement très puante et quasi insupportable, ce qui ferait croire aux personnes qui n'auraient pas encore fait de ces sortes d'opérations, que l'odeur naturelle de la quintessence serait perdue, ou du moins gâtée ; c'est pourquoi je veux bien leur dire que bien loin de se gâter, elle est incorruptible; que la mauvaise odeur vient du corps impur, qui est celui qui se corrompt, et dont les éléments grossiers picotant âprement les narines, causent la mauvaise sensation. Mais, comme Paracelse le dit fort bien, la quintessence reste inaltérable, parce qu'elle est composée d'éléments très subtils; on eu peut faire l'expérience sur des roses.

Que l'on pile grossièrement grande quantité de roses, les simples sont les meilleures, qu'on les mette fermenter et pourrir dans la cave dans un vaisseau bien bouché pendant trente ou quarante jours: quand on retirera le vaisseau, on trouvera ces rotes très puantes; qu'on les distille selon l'art au bain, vous aurez l'eau et l'essence d'une si grande odeur et si douce (si vous avez bien opéré, et particulièrement si vous avez fait circuler cette essence au bain avec un peu de son eau) que ceux à qui l'odeur des roses est autant agréable qu'elle me l'est, en seront très satisfaits. Il n'y a personne qui n'en puisse faire aisément, d'autant plus que cette opération ne coûte pas grande chose, elle serait même meilleure que celle que l'on achète, qui n'est autre chose qu'un peu de cette essence répandue dans de l'eau pure: ce qui est facile à prouver, puisque si vous mettez quelques gouttes de l'essence que vous aurez extraite, dans une bonne quantité d'eau commune, et que vous les fassiez bien mêler ensemble, vous aurez de la plus excellente eau rose qui se vende, suivant le plus ou moins

DEUXIÈME TRAITÉ

d'essence que vous y aurez mis. Et même la plupart des eaux que l'on fait, qui ont ou l'odeur ou le goût de quelques fleurs ou fruits, on ne fait qu'infuser les fleurs ou les fruits dans l'eau, qui est le mercure universel qui les a formés, et qui se chargeant de la plupart de l'essence subtile, laisse le corps des fleurs et des fruits contaminé, c'est-à-dire que ce corps devient un marc inutile, sans goût et sans odeur, plus semblable à la pourriture qu'à autre chose. De ce que je viens de dire, les gens éclairés peuvent tirer un grand secret, et s'attacher avec ardeur à séparer l'âme des individus du corps corruptible, pour conserver le leur de la corruption; car la quintessence, étant de nature céleste et presque incorruptible, en usant d'une manière convenable et avec prudence; peut préserver le corps de corruption.

On a un exemple sensible de cela dans l'esprit-de-vin, lequel quoique ce ne soit qu'un flegme teint d'un peu de quintessence de vin, car on laisse ordinairement le meilleur dans ce qu'on appelle *huile sordide*, qu'on ne sait point purifier; néanmoins les choses qu'on met dans cet esprit, et la chair même si facile à se corrompre à l'air, s'y conserve plusieurs années sans corruption. C'est dans cette occasion où on peut dire, *qui potest capere capiat*.

De l'extraction des essences minérales.

Les corps des minéraux sont plus compacts et plus secs et par conséquent on en peut plus difficilement tirer l'essence.

On peut distinguer les corps minéraux qui sont utiles à la Chimie et bons pour la santé, en corps salins et corps métalliques. On pourrait même les distinguer en plusieurs autres, et en faire plusieurs classes ; mais comme nous ne pouvons donner que de simples lumières et les principes généraux de l'Art, il suffit de traiter de ces deux espèces, lesquels si on sait bien manier, on saura bientôt le reste, et puis on n'aurait pas besoin d'autres choses.

Quant aux sels, il faut les corrompre ; et afin que leur essence ne soit pas gâtée, il faut les corrompre en les dissolvant dans leurs propres liqueurs, les distillant, digérant et cohobant tant de fois, que l'humidité flegmatique et insipide, soit entièrement séparée, aussi bien que la terre subtile qui tient étroitement embrassée l'essence dans son corps impur ; car si vous savez la délivrer de ces deux impuretés corporelles, c'est-à-dire du flegme et de la terre morte, l'essence ou le mercure du sel paraîtra en forme oléagineuse, dont une goutte ou deux ont plus d'action qu'une poignée du sel dont vous l'avez tiré, et elle opère d'une manière bien plus douce et bien plus efficace que le sel même accompagné de ses impuretés. Mais il faut prendre garde que le mercure de chaque sel a ses propriétés particulières, et il ne faut s'en servir que suivant les connaissances que donne la bonne physique et l'expérience. On peut voit le dixième des Archidoxes de Paracelse, qui est la clef des autres, et les Livres d'autres Savants, comme Scingerus, les *Rudiments de la Philosophie naturelle* de Loques et autres, qui donneront des lumières plus amples pour l'extraction des essences des sels et d'autres minéraux.

De l'extraction des essences métalliques.

L'extraction des essences métalliques est encore plus difficile, et cela par deux raisons. La première, parce que les métaux sont des corps encore plus compactes que les sels, et la seconde, parce qu'ils n'ont point d'humidité en eux-mêmes, ou du moins qu'on puisse extraire de leurs corps pour les corrompre. Or nous avons dit qu'il faut corrompre nécessairement, le corps et le réduire en liqueur, pour en séparer les parties grossières des subtiles, et cependant n'y ajouter rien qui puisse en quelque manière que ce soit en altérer la nature essentielle.

Cependant l'industrie des Philosophes Chimistes n'a pas laissé de parvenir à une chose qui paraît impossible par les deux difficultés que je viens de dire. Ils ont considéré deux choses : la première, qu'il y avait des métaux plus purs et plus parfaits que les autres, car l'or et l'argent sont plus purs sans contredit et composés d'éléments plus subtils, que les quatre autres, c'est pourquoi ils y ont opéré, différemment. Quant aux métaux imparfaits, ils ont considéré que les sels participants de la nature minérale, n'étaient pas absolument étrangers ; ils s'y sont pris de diverses manières pour extraire la substance pure, mais les plus pénétrants ont bien vu qu'une essence pure de quelque sel pouvait s'unir à l'essence d'un métal, et l'extraire en dissolvant auparavant radicalement en humidité et d'une manière irréductible le métal imparfait, et ils y ont réussi.

Il faut donc avec quelque essence saline digérer et dissoudre parfaitement en liqueur le métal imparfait que l'on voudra, et la nature vous montrera le reste ; car vous verrez que l'essence métallique sera séparée du corps impur en forme de deux liqueurs de deux couleurs différentes.

Séparez l'essence et la lavez, et la circulez avec l'essence de vin ou de tartre pour l'adoucir, et pour vous en servir suivant la nature des maux auxquels ces métaux peuvent être bons.

On peut tirer de la même manière l'essence du vif-argent et d'autres minéraux, comme l'antimoine et autres semblables, mais il faut que l'Artiste soit bien habile et bien versé dans les principes de la Physique ; comme il y a plusieurs et différentes routes qui conduisent à même fin, nous ne faisons ici qu'indiquer succinctement les règles générales de l'Art.

Les essences des métaux sont excellentes ; mais elles sont sujettes à un inconvénient, c'est que quoiqu'elles confortent la nature et s'opposent à la malignité du mal, cependant quelquefois la masse du sang est tellement corrompue, et il y a une si grande malignité dans les ferments naturels contractée depuis longtemps qu'au lieu de dominer, elles peuvent être dominées, et au lieu de changer la corruption en pureté, elles peuvent être, corrompues elles-mêmes, ce qui en ce cas augmenterait encore le mal, et même le rendrait incurable.

Les essences salines et, particulièrement les minérales résistent davantage, c'est pourquoi elles sont plus puissantes contre les maladies invétérées. C'est ce qui fait que les Philosophes préfèrent les essences minérales aux végétales et aux salines, parce qu'elles sont moins sujettes à être altérées.

Mais comme les essences des métaux imparfaits ne sont spécifiques que pour certains maux, ils ont cherché dans l'argent et encore plus dans l'or une Médecine universelle qui résistât à toutes, sortes de maux ; et on peut croire que ce n'est pas sans raison qu'ils se vantent de l'avoir trouvés, ce qui sera le sujet du Discours suivant.

TROISIÈME TRAITÉ

S'il se peut trouver une Médecine universelle contre toutes sortes de maladies :
Quelle peut être la matière dont on peut l'extraire, & de quel moyen on peut se servir pour la composer ;
Et savoir si cette Médecine peut changer les mercures des métaux imparfaits en véritable or & argent.

Avant toutes choses, je crois qu'il est à propos d'examiner s'il se peut trouver une Médecine qui boit propre contre toutes fortes de maladies, et conserve l'homme (réglé d'ailleurs) en bonne santé, et lui augmente la vigueur du tempérament, de manière qu'il puisse prolonger ses jours ; et enfin si cette même Médecine peut purifier les corps des métaux imparfaits, de manière qu'elle les change en véritable or ou en véritable argent, et quelle puisse faire tous les autres effets merveilleux que les possesseurs de ce grand secret lui attribuent dans leurs écrits.

Quant à savoir s'il y a un tel secret et remède qu'on appelle *Pierre Philosophale*, y a-t-il apparence qu'un si grand nombre de personnes qui en ont écrit et assuré même avec serment que ce qu'ils écrivent est véritable, qu'ils ont fait cette merveilleuse Pierre de leurs mains, avec tous les miracles qu'ils publient d'elle; y a-t-il, dis je, apparence que tant d'habiles gens aient menti, et qu'ils se soient donné la peine d'écrire tant de Livres sur une chimère et sur une imagination sans fondement?

Joint a cela que ces Livres ont été écrits en des temps bien éloignés les uns des autres, puisque j'en ai vu faits à mille ans de distance et par des Auteurs d'esprits très supérieurs et très profonds; or on conviendra que de si grands génies ne s'amusent pas à des bagatelles, et n'assurent pas avec tant de démonstrations et d'arguments, et même avec tant d'expériences sensibles à ceux qui savent cet art, s'ils n'avaient la vérité et l'expérience de leur coté.

D'ailleurs, quels fruits auraient-ils prétendu tirer d'avoir écrit des faussetés, et d'en avoir ainsi imposé? puisque la plupart des Livres de ces Philosophes n'ont été imprimés que sous des noms empruntés, ou sous leurs noms en anagrammes que l'on ne peut pas trouver au juste, du moins une grande partie, et dont plusieurs ne portent aucun nom, et beaucoup d'autres n'ont paru en public qu'après leur mort, ou après qu'ils avaient disparu sans n'on eût depuis plus entendu parler d'eux. Il n'y a qu'à lire les écrits de Geber, de Raymond Lulle, du

Cosmopolite, de d'Espagnet, et de plusieurs autres de ce genre, on verra aisément que ces Philosophes étaient d'un esprit sublime.

D'autres ont écrit l'histoire de leurs travaux avant que d'avoir acquis ce grand secret, faisant voir les erreurs où ils ont été, et les friponneries et visions des faux Chimistes; et ensuite ils ont parlé de ce secret d'une manière moins philosophique et profonde: mais leur naïveté n'est pas la plus faible preuve des vérités qu'ils ont avancées. Tels ont été le Trévisan, Zachaire, Flamel, et plusieurs autres.

Il est vrai que le langage des Chimistes est obscur, et n'est pas même intelligibles mais cela est commun à tous les Livres qui traitent de quelque Science dont le Lecteur ignore les principes, ou dont il n'a aucune connaissance.

Il est vrai aussi que leurs discours sont le plus souvent pleins d'énigmes, de paraboles, et souvent mêlés de contradictions, ce qui rebute le Lecteur qui voudrait apprendre; mais ils disent dans ces mêmes Livres qu'ils parlent ainsi à dessein de tromper les ignorant et les grossiers, cette science étant d'une nature si relevée et d'un si grand prix, et ayant après soi de telles conséquences, qu'on ne peut l'enseigner clairement sans renverser l'ordre de la nature, et sans déranger toute l'harmonie qui se trouve dans le monde, par la différence des états, et qu'ils ne font que rendre témoignage de la vérité de l'Art, répandant la vérité avec le mensonge, et mêlant les paraboles avec le discours sincère, afin qu'il n'y ait que les vrais Physiciens et ceux qui, ont assez de lumières qui puissent développer le vrai d'avec le faux.

Car ils prétendent qu'un bon esprit qui a compris les principes fondamentaux de l'Art et qui a une véritable connaissance des matières, peut avec un peu de peine parvenir à la possession de ce grand secret, qu'ils assurent être très facile à acquérir, ce qui paraît d'autant plus véritable, qu'ils s'efforcent de cacher les matières sur lesquelles il faut travailler, et particulièrement leur dissolvant ; ce qu'ils n'auraient pas fait, si le reste du travail était fort difficile.

Cependant tous les gens éclairés se sont aperçus et s'aperçoivent qu'ils n'ont pas tant caché ces matières, qu'un homme qui a quelque principe de Physique ne les démêle aisément, comme on pourra le voir dans la suite de ce Traité, duquel quoique je ne l'aie fait que pour ma propre satisfaction et pour m'amuser, quelques-uns pourrons peut être tirer de grands avantages.

On peut encore ajouter a toutes ces raisons spéculatives, que plusieurs personnes vivant actuellement et plusieurs Auteurs graves assurent ou dans leurs Livres ou de vive voix, avoir vu l'effet de la transmutation métallique ; et j'ai vu plusieurs personnes dignes de foi, qui mont assuré l'avoir vue de leurs yeux et fait de leurs mains, quoiqu'ils ne sussent pas la composition de cette précieuse et rare poudre dont on leur avait donné quelques grains.

Entre ceux-ci je puis citer feu M. Ménager, que le défunt Roi d'immortelle mémoire a employé si heureusement dans les négociations d'Utrech, qui était fort mon ami, lequel m'a assuré avoir vu deux fois cette transmutation métallique à deux différents endroits, dont l'un était Gènes et l'autre Genève; ce qui lui avait tant donné de goût pour la recherche de cette divine poudre, qu'il a dépensé beaucoup d'argent secrètement avec plusieurs Particuliers qui lui promettaient la conquête de cette toison, pour y parvenir.

Mais comme il avait beaucoup d'esprit, et qu'il se payait de raisons quand il les trouvait solides, principalement lorsqu'il s'était défait de ses préventions, je lui fis voir, si sensiblement la fausseté des promesses que lui faisaient ces trompeurs, qu'il se détermina, quoiqu'avec peine, à s'en défaire : mais il garda toujours un opérateur jusqu'à sa mort, qui arriva comme tout le monde sait, lorsqu'il y songeait le moins, c'est-à-dire subitement.

J'en pourrais nommer plusieurs autres, mais comme ils ne sont pas connus, cela serait assez inutile.

Ces raisons et autres doivent persuader les moins crédules que l'Art est véritable; mais il est vrai qu'il est aussi rare de trouver le véritable possesseur de ce secret, comme il est commun de trouver des fripons et des trompeurs ignorants et visionnaires, qui veulent faire croire qu'ils savent ce qu'ils ignorent absolument.

Quant aux, raisons qui peuvent persuader que l'essence séminale de l'or puisse non seulement préserver des maladies, mais encore les guérir toutes ; il faut auparavant considérer l'origine de tous les maux en général, et ensuite la nature du remède.

Peu de personnes ignorent que l'origine des maladies en général vient des mauvaises digestions, lesquelles produisent des levains malins qui s'introduisent dans le sang, et se jetant sur diverses parties du corps, causent les obstructions, ensuite les fièvres, et enfin cette infinité d'accidents divers auxquels nous sommes sujets ; or si cette essence aurifique peut faire l'effet que nous verrons qu'elle peut faire, c'est-à-dire de conforter la chaleur naturelle sans l'enflammer ni dissiper, comme font ordinairement les essences végétales, par exemple l'esprit-de-vin, qui dans le même temps qu'il réchauffe, brûle et consomme les esprits et l'humide radical, comme il est très vrai.

Si donc au contraire, au lieu de consommer l'humide radical qui est le principe de la vie puisqu'il contient ce soufre céleste et cette âme du monde qui fait vivre tout animal ; elle l'augmente considérablement, rétablit ce qui pourrait être dérangé dans le microcosme, et entretient cette harmonie, sans laquelle nous ne pouvons avoir de santé ; si cette Médecine peut produire ces deux effets, il est certain qu'a elle détruira les causes des maladies en confortant les principes de la vie, et qu'elle pourra même la prolonger un peu plus qu'on ne pourrait faire sans ce secours, en supposant cependant qu'un homme qui aurait ce remède ne menât pas une vie déréglée ; or il n'est pas possible que l'essence de l'or n'ait ces deux propriétés.

Car le soufre et la chaleur qui est en puissance dans ce corps, et que nous verrons avoir été mise en acte par l'Art, qui l'a par ce moyen approché de la nature végétale ; ce soufre, dis-je, et cette chaleur qui est dans l'or, est un soufre incombustible, puisque le feu n'a nulle puissance sur lui, et ne peut ni l'enflammer, ni le détruire ; de même l'humidité qui l'accompagne est indestructible, quoiqu'elle se liquéfie à la chaleur du feu.

D'ailleurs cette substance étant d'une subtilité extrême, puisque comme nous l'avons montré ci-devant, les métaux sont formés d'un air rempli des influences célestes condensées dans le sein de la terre, lesquelles ont été réduites par l'Art dans leur première subtilité ; il est aisé de comprendre qu'étant comme elle est très pure et très pénétrante, elle se répand facilement dans toutes les parties du corps, conforte les deux principes de la vie, étant composée de cet esprit universel qui contient toutes choses, aide par conséquent la nature intérieure, expulse par les pores et sans aucune violence toutes les impuretés malignes qui causent l'intempérie, pénètre et dissout toutes les obstructions, cuit ce qui est mal cuit et mal digéré et par ce moyen adoucit les acides qui sont la principale cause des maladies ; et enfin donnant des forces à la nature, purifiant le sang et détruisant les ferments malins, ôtant les obstructions, remettra dans le tempérament l'harmonie et la circulation nécessaire à la santé.

Si on considère la nature de l'or corporel, on y reconnaîtra les marques des propriétés de son essence, étant certain qu'il n'y a pas de corps plus pur dans le monde, qui soit autant incombustible et qui dans son état corporel même fasse connaître combien est grande la subtilité de son essence, puisque son corps peut s'étendre d'une manière presque inconcevable, comme les tireurs et batteurs d'or le savent très bien, et plus encore les Chimistes.

Mais ce que l'on doit considérer avec plus de soin, c'est que comme nous l'avons déjà dit, étant le propre de la nature des essences séminales de changer autant que le sujet le permet le tout en sa nature, l'essence séminale de l'or qui est d'une pureté céleste et astrale, et dans laquelle il y a un mélange parfait des quatre éléments, dont l'union est indestructible et incombustible ; cette semence ou ferment pur changera en éléments très purs les ferments naturels, et détruira en confortant la nature et la transmuant, tout ce qui est impur dans le sang et dans les esprits, sans nulle altération sensible, sans que les levains les plus malins qui causent les maladies puissent agir sur elle, n'y ayant rien qui puisse agir sur l'or, et encore moins sur son essence ; dont il résulte qu'elle peut, être une Médecine universelle contre toutes les maladies les plus obstinées, puisqu'elle en détruit les principes, et peut par conséquent rallonger la vie, non seulement parce qu'elle peut nous délivrer d'une mort, qui avec les remèdes ordinaires serait inévitable, mais encore parce qu'elle fortifie les principes de la vie.

Au reste je ne crois les fables des Alchimistes sur une espèce d'immortalité qu'ils supposent; les bons Philosophes modernes s'en moquent; c'est pourquoi le Cosmopolite se laissant interroger dans son Livre par l'Alchimiste qui lui demande combien un homme peut vivre avec le secret de cette Médecine, il lui répond, *jusqu'au terme préfix de la mort*. Cette Médecine ne peut pas non plus rétablit les organes tout-à-fait gâtés, comme les poumons ou le foie tout-à-fait pourris et gangrenés; il faut aussi en user avec discrétion. Car comme le même Cosmopolite nous enseigne, elle détruirait les principes animaux, de même; dit-il qu'une flamme trop grande éteint la plus petite.

Et pour encore mieux faire il faut mêler et spécifier l'essence de l'or avec des choses convenables à la nature humaine; car quoiqu'elle ait été rapprochée de la nature végétable par l'Art, cependant elle tient encore de la nature métallique : c'est pourquoi il faut la rendre encore plus homogène à notre nature, suivant ce que les Maîtres de l'Art enseignent, ce qui résout l'objection qu'on pourrait faire contre cette Médecine universelle, de laquelle ceux qui ne la connaissent pas parlent comme les aveugles des couleurs. Car enfin nous ne savons la vertu des choses que par les effets ; et si la Médecine existe il faut croire ceux qui l'ont possédée et ceux qui la possèdent, qui, la connaissent, quoiqu'ils en ont peut-être trop exagéré la vertu.

Quant à l'autre effet qui consiste dans la fixation du vif-argent commun et du vif-argent des métaux imparfaits, qui est la seule substance que la Pierre Philosophique fixe et transmue en or ou argent, nous l'avons suffisamment montré, dans la section précédente, en disant que la semence de l'or ou de l'argent peut changer facilement en sa nature aurifique ou argentifique le vif-argent commun et celui des corps imparfaites ; ainsi il est inutile de le répéter.

QUATRIÈME TRAITÉ

De la manière d'extraire la véritable & pure essence de l'or & de l'argent, pour en faire ce qu'on appelle Grand Œuvre, ou Pierre Philosophale.

J'ai supposé jusqu'ici que la Pierre Philosophale que l'on nomme aussi *Médecine universelle*, n'est autre chose que la quintessence de l'or, et que dans son extraction et dans la composition de cette Pierre tant renommée, il n'y entre autre chose que l'or ou l'argent, et que si l'on y ajoute quelque chose, pour dissoudre et corrompre ces corps, il faut que le dissolvant soit tellement de la nature de ce qui doit être dissout, qu'il ne faire plus avec ces corps qu'une même chose, de manière qu'il ne puisse absolument pas être désuni d'avec le corps, par la règle générale que j'ai posée, je veux dire afin que le dissolvant, n'altère pas l'essence aurifique, ce qu'il ferait assurément s'il était d'une nature différente ; et j'ai déjà dit et je le répète, que ce dissolvant ne peut être que le vif-argent que tout le monde connaît sous ce nom, et que l'on vend communément dans les boutiques des Droguistes, lequel néanmoins le Philosophe purifie et prépare par art chimique, sans aucune altération de sa substance, et cette purification ne se fait que pour le rendre plus homogène à la pureté de l'or, en le dépouillant de toutes les terrestréités et des impuretés qu'il aurait contractées dans sa minière, comme tous les autres métaux.

Mais parce que je sais que tout les Curieux de cet Art ne sont pas de mon avis, et qu'il y a quasi autant de sentiments différents sur ce sujet, qu'il y a de personnes qui travaillent aux opérations chimiques, quoique ce que j'en ai dit jusqu'à présent pourrait ou devrait suffire pour les fondements de la science, je vais encore me servir de l'autorité de nos Maîtres pour l'appuyer, et je rapporterai leurs propres paroles, pour faire voir que ceux qui pensent autrement et qui travaillent sur tant de diverses choses, comme sur l'esprit universel, sels centriques, minéraux, demi-minéraux, marcassites, végétaux ou animaux, excréments et autres choses semblables (car je ne finirais pas si je voulais nommer toutes les choses différentes sur lesquelles opèrent ceux qui sont occupés à la recherche de cet Art, dont je ne crois pas que deux se servent de même chose) sont tout-à-fait hors du vrai chemin, et qu'il n'y a et ne peut y avoir que les matières que j'ai dites ci-dessus, qui puissent servir à faire la Pierre des Philosophes.

Peut être que ce petit travail que je n'ai fait que pour mon plaisir, pourra être utile à quelques-uns de ceux qui le liront et qui ont les vrais principes de la Physique, et qu'ayant lu avec attention mes autres Traités des essences minérales, des végétaux et animaux, ils connaîtront sensiblement que dans le seul or est la semence de l'or, qu'il peut devenir végétable par un artifice industrieux et naturel, de même que le laboureur par la préparation et culture de la terre contribue à faire que les grains qu'il sème dans les terres convenables, puissent produire de bons fruits et multiplier dans leurs, espèces ; ce qu'elles ne feraient pas, ou du moins pas si bien, s'il les laissait à l'air et à la seule nature, sans avoir auparavant disposé la terre.

Je sais bien que les Auteurs qui ont traité de cet Art ont écrit avec beaucoup d'obscurité et par énigme, qu'ils se contredisent à tous moments, ou semblent le faire ; qu'ils mêlent quelquefois le mensonge avec la vérité, ou du moins nous le croyons ainsi, parce que souvent ils confondent le commencement de l'œuvre avec la fin, dont les opérations sont différentes, afin de nous mieux tromper, ou de nous embarrasser davantage.

On dira aussi que j'ai choisi les passages qui pouvaient soutenir le mieux mon sentiment, et qu'on pourrait m'en apporter d'autres tout-à-fait opposés ; je répondrai à cela que rien ne se contredit dans les Écrits des vrais Auteurs, qu'il n'y a qu'à bien les entendre ; que s'ils ont mêlé les opérations, ou qu'ils aient nommé diverses choses qui paraissent contraires, ils n'ont cependant prétendu parler que des mêmes choses, auxquelles ils ont seulement donné différents noms, à dessein de tromper les ignorants, qui sans raison veulent parvenir à cette science qui est le plus fin de la Philosophie naturelle ; je soutiens que le véritable Philosophe qui connaît les principes naturels, n'y sera point trompé, parce qu'il saura distinguer non seulement les opérations, mais encore ce qui conviendra à l'œuvre, sans s'arrêter à la différence des noms.

Or j'ai donné de telles instructions sur les principes de cet Art dans mes autres Traités des essences séminales, et dans la section précédente qu'à moins que d'avoir la tête très dure et l'entendement obstrué, on ne doutera pas de ce que les Philosophes vont nous dire, et on aura en même temps la clef de leurs paraboles et énigmes, dont je parlerai aussi dans la suite de ce Traité.

La première règle que tous les Philosophes naturels nous donnent pour entendre leurs Livres, et pour démêler ce qui paraît mensonge d'avec la vérité, c'est que le bon Physicien doit considérer ce qui est conforme à la nature ; car quand ils disent quelque chose qui paraît y être contraire, nous devons croire, comme ils l'assurent eux-mêmes qu'ils n'en usent ainsi que pour cacher la science aux ignorants, qui n'ont rien en vue que les richesses dans cette recherche.

Ils donnent encore une autre règle pour trouver le bon chemin et bien entendre leurs Livres, c'est que dans les choses où ils s'accordent tous, c'est où certainement ils disent vrai, et c'est en effet dans la concordance où est la vérité.

Or ils conviennent tous sur ce point, et ils le répètent continuellement, que dans l'ordre de la nature chaque chose s'engendre et se multiplie par la semence de son espèce, et non autrement. Ils nous disent aussi tous et à tous moments que l'homme engendre l'homme, le cheval le cheval, et qu'il n'y a que le métal qui puisse produire le métal, et par conséquent l'or qui puisse produire l'or. Ils font tous d'accord en cela, il les faut donc croire.

Ils ajoutent que les métaux ont leur semence multiplicative qu'il faut extraire par l'art, car elle est cachée dans le profond du corps dur et presque inexpugnable de l'or. Dans l'or, dit Augurelle, la semence de l'or, quoiqu'elle soit enchaînée et puissamment retenue dans son corps. La vertu multiplicative, dit d'Espagnet, est cachée dans le corps des métaux; elle a besoin du secours de l'art pour être mise en action; les corps des métaux plus parfaits ont une semence plus parfaite, et sous leur écorce dure est la semence parfaite, et qui saura rompre les liens qui la tiennent enchaînée en dissolvant le corps par une dissolution philosophique, celui-là marche dans le chemin royal de la vérité. Mais parce qu'il serait long de citer tous les Auteurs qui conviennent de cette vérité, je n'en dirai pas davantage.

Il est vrai qu'il y en a peu qui expliquent ce que c'est que cette semence, et que ceux qui ne sont pas bons Philosophes ne comprennent pas que les métaux puissent avoir une semence ; j'ai taché dans mes précédents Traités de leur faire voir clairement qu'ils en ont, et j'ai fait de mon mieux pour leur rendre sensible.

Une autre raison naturelle, nous disent-ils, pour montrer que la Pierre des Philosophes doit être formée d'une substance métallique, et de la substance même de l'or ou de l'argent, c'est premièrement qu'il faut que la Pierre transmutative puisse s'unir intrinsèquement au métal que vous voulez transmuer en or ou en argent ; or il n'y a rien qui s'unisse intrinsèquement aux métaux que ce qui est métallique ; il faut donc que la matière de la Pierre soit métallique, il faut aussi qu'elle soit de nature incombustible et parfaitement fixe, puisqu'elle doit donner la fixité au vif-argent, et garantir les métaux imparfaits de brûler au feu ardent ; or il n'y a que l'or qui soit parfaitement fixe et combustible, et après lui le vif-argent qui est aussi de nature incombustible, quoique non fixe ; car quoiqu'il s'envole du feu, ou qu'il se réduise en poudre par le feu, il revient toujours dans sa nature fluide d'argent-vif.

Ceux donc qui travaillent sur autre chose que sur l'or et l'argent, pour vouloir faire de l'or et de l'argent, perdent leur temps et leur bien. Écoutez Arnaud de Villeneuve : La cause de l'erreur de ceux qui ne réussissent pas dans cet Art, c'est qu'ils ne travaillent pas en matières convenables ; car il est certain qu'il n'y a que l'homme qui engendre l'homme, et le cheval qui engendre le cheval ; les matières sur lesquelles ils travaillent étant fort éloignées de la nature des métaux, et particulièrement de l'or, il est assurément impossible qu'ils puissent engendrer aucun métal ; parce que les métaux ne s'engendrent et ne peuvent se multiplier que par leur propre sperme, et chaque métal ne peut produire qu'une semence propre et de sa nature.

C'est pourquoi la première chose à quoi il faut s'appliquer, c'est de connaître ce que c'est que le sperme des métaux, et où on le peut prendre, car on ne trouve pas une chose où elle n'est pas ; et les métaux ou leurs spermes ne se trouvent pas dans les chevaux, dans les œufs, dans les herbes, ou dans d'autres choses semblables.

Nous avons montré ci-devant que le sperme de quelque individu que ce soit, est l'humidité radicale et essentielle de la chose, et ce qu'on appelle *mercure*, dans lequel sperme réside la véritable semence et l'esprit minéral qui est invisible : donc le sperme de l'or est son mercure, duquel par l'art on peut tirer la véritable semence, ou la quintessence séminale aurifique, et qui travaille sur autre chose perd son temps.

Il y en a, ajoute Arnaud, qui prennent les esprits minéraux, qu'ils subliment et calcinent mais leur ouvrage est vain, car ils ne sont point les spermes des métaux, excepté le mercure, et le soufre qui est sa présure : de même que pour la génération des hommes ou des animaux il ne faut aucun mélange que celui des deux spermes du mâle et de la femelle, de même devons-nous joindre les deux spermes dans notre magistère.

C'est ce que tous les Philosophes disent avec Arnaud de Villeneuve, et la plupart commencent leur Livre par nous enseigner la manière dont les métaux se produisent dans les minières, et que les principes immédiats dont ils sont formés ne sont autres que l'argent-vif et le soufre; mais que le seul or est formé d'un argent-vif très-pur, et d'un soufre pur et incombustible, et qui par conséquent a changé sa nature brûlante, lequel soufre teint et coagule l'argent-vif en or.

Mais parce que quelques-uns pourraient croire que le soufre et l'argent-vif vulgaire pourraient être la matière de la Pierre, en les mêlant et cuisant ensemble, comme je sais que plusieurs l'ont fait; il faut leur faire voir que cela est impossible par deux raisons.

La première est que le soufre parfait qui coagule l'or est incombustible et qu'il a changé de nature, tant parce qu'il ne brûle plus, qu'à cause que la nature l'a dépouillé de toutes ses impuretés terrestres et grossières qui causent son inflammabilité, ce que l'art ne saurait faire, ou du moins en un très longtemps, et d'autant plus qu'il faudrait le rendre fixe, ce qui demande encore un long travail.

Mais l'autre raison encore plus forte, c'est que l'homme ignore les proportions du mélange qu'il faut faire du soufre avec le mercure, afin que ce mélange forme l'essence aurifique, car un peu plus ou un peu, moins gâterait toute la nature du composé : c'est pourquoi ils nous conseillent de prendre ce soufre incombustible et pur, mêlé avec son vif argent pur et fixe dans les corps ou la nature l'a mis, et de l'extraire d'eux, en dégénérant les mêmes corps pour en avoir la quintessence qui est le véritable soufre et le véritable mercure des Philosophes ce qui ne se peut faire que par la dissolution du corps[1].

Écoutez Roger Bacon ; qui noue enseigne de quelle manière il faut tirer le mercure et le soufre incombustible pour faire la Pierre des Philosophes, et quoiqu'il l'enseigne avec obscurité et par des détours ordinaires, cependant il est aisé de le découvrir.

Nous avons montré dit-il dans les chapitres précédents, comme les métaux parfaits et imparfaits se produisent dans la terre, voyons à présent quelles sont les matières qui peuvent perfectionner les métaux imparfaits.

Je dis donc que nous avons vu que tous les métaux sont formés d'argent-vif et de soufre, et que l'impureté qui se trouve dans ces deux principes, est cause de l'imperfection et corruption de quelques métaux ; et d'autant qu'on ne peut pas ajouter aux métaux aucune chose qui ne soit venue d'eux-mêmes et qui ne soit de leur origine, d'autant que s'ils étaient de nature diverse, ils ne se pourraient pas mêler ensemble intimement, il paraît

---

[1] C'est le III de son Miroir d'Alchimie.

clairement qu'aucune chose ne peut perfectionner les métaux imparfait, et les transmuer en une nature métallique plus parfaite, qu'une nature qui tire son origine de ces deux principes c'est-à-dire de l'argent-vif et du soufre, et qu'on ne doit employer aucune chose étrange et différente de la nature métallique.

C'est pourquoi il me paraît étonnant qu'il y ait des gens tant soit peu raisonnables qui puissent fonder leur opinion sur les animaux et sur les végétaux, qui sont des choses fort éloignées de la nature des métaux, lorsque nous avons des choses prochaines en nature. Il ne faut pas croire qu'aucun Philosophe ait mis l'Art dans des choses si éloignées, que par similitude, car on sait bien que les métaux ne se produisent que d'argent-vif et de soufre, et qu'aucune chose ne s'attache ni ne s'unit à eux, ni peut les altérer ni transmuer, que ces deux choses, ou celles qui viennent immédiatement d'eux : c'est pourquoi la droite raison veut que nous prenions l'argent-vif et le soufre pour la matière de la pierre, mais faites bien attention que ni l'argent-vif seul, ni le soufre seul n'engendrent pas le métal, mais que leur génération se fait de la mixtion de tous les deux ensemble, et que c'est de leur différent mélange que se produisent les différents métaux, comme aussi différents minéraux métalliques ; donc il est constant que nous devons choisir une matière qui soit formée du vif-argent et de soufre mêlés ensemble, sans que l'Artiste se mette en peine de faire ce mélange, dont il ignore les doses.

Mais la fin de notre Secret est très excellente et fort cachée, de savoir de quelle chose minérale le plus proche et plus immédiatement ou peut ou doit composer la Pierre ; car c'est précisément ce que nous devons chercher et choisir avec grand soin, puisque nous ne saurions rien faire sans cela. Supposons donc que quelqu'un choisisse pour matière de la Pierre les végétaux, comme les herbes et tout ce qui végète sur la terre, il faudrait toujours par une longue décoction et par un art qu'on ne connaît point, en faire du vif-argent et du soufre, duquel travail nous sommes dispensés, quand la nature nous donne le soufre et l'argent-vif tout fait.

Si nous choisissons quelque chose des animaux, comme est le sang humain, les cheveux, l'urine, les excréments, les œufs de poules ou d'oiseaux, et toutes autres choses qui proviennent des animaux, il faudrait par la décoction et par un art que tout Chimiste ignore, en faire de l'argent-vif et du soufre, duquel travail nous sommes dispensés.

Et si nous choisissons quelqu'un des moyens minéraux, comme dans tous les genres de magnésies, marcassites, tuties, atraments, vitriols, borax, sels, et plusieurs autres choses fossiles et minérales de cette nature, il faudrait aussi par la décoction et par l'art, en faire de l'argent-vif et du soufre, lequel travail serait inutile.

Et si nous choisissions quelqu'un des sept esprits tout seul, comme le vif argent, le soufre-vif, ou l'orpiment, ou l'arsenic citrin, ou le rouge, ou son compagnon, chacun à part, tout cela serait inutile, parce que comme la nature ne perfectionne aucune chose sans un mélange égal et déterminé des deux, c'est-à-dire de l'argent-vif et de l'un des soufres, et que nous ne savons et ne pouvons pas faire ce mélange avec les proportions convenables que l'esprit humain ignore ; et après il le faudrait cuire en une masse solide et fixe.

C'est pourquoi nous n'avons pas besoin de prendre aucun d'eux dans leur propre nature de vif argent et de soufre, et même il nous serait inutile de le faire, puisque nous ignorons les proportions nécessaires à ce mélange, et que nous trouvons des corps dans lesquels ce vif-argent et ce soufre sont proportionnés et coagulés d'une manière juste, et assemblés comme ils nous sont nécessaires.

L'or est un corps parfait et masculin, sans aucune superfluité, et dans lequel il n'y a rien qui manque ; et si par la seule liquéfaction il pouvait pénétrer intimement les imparfaits, il les perfectionnerait, et il ferait l'élixir au rouge. L'argent est aussi un corps quasi parfait, et s'il pouvait par la fusion ordinaire pénétrer et se mêler intimement avec les imparfaits, il ferait l'élixir au blanc.

Mais cela n'est point et ne peut être, parce qu'ils sont seulement parfaits ; car si leur perfection était commissible avec les corps imparfaits, c'est-à-dire s'ils étaient assez subtiles pour pouvoir pénétrer dans les parties les plus internes des corps imparfaits, ils les perfectionneraient ; mais étant tels qu'ils sont, les imparfaits diminuent plutôt ce qu'ont de perfection l'or et l'argent, quand ils sont mêlés ensemble. Mais si les parfaits étaient rendus plus que parfaits au double, au triple, ou au centuple, et encore plus, pour lors ils perfectionneraient les imparfaits ; mais parce que la nature opère simplement, leur perfection est simple, et ne peut se communiquer tant qu'ils sont dans leur état naturel et dans leur corporéité grossière ; car s'il était autrement, la nature n'aurait pas besoin de l'art, lequel pour abréger les met dans la composition, de la Pierre pour lui servir de ferment, et les réduit dans leur première nature, en faisant que le volatil surmonte en quantité le fixe : et parce que l'or est un, corps parfait, formé d'argents vif rouge et clair, et d'un semblable soufre, nous ne le choisissons pas seul, parce qu'il est seulement parfait, à moins que nous ne l'aidions par une purification ingénieuse ; car il est si fortement cuir et digéré par sa chaleur naturelle, qu'à peine pouvons nous agir sur lui avec notre feu artificiel ; et quoique la nature l'ait perfectionné, elle n'a pu cependant le purifier et perfectionner intimement ; elle n'avait pas besoin même de lui donner une plus grande perfection.

Ainsi si nous choisissons l'or ou l'argent seuls et tels qu'ils sont pour la matière de la Pierre, à peine trouverions-nous le feu qui eût action sur eux ; et quand même nous aurions le feu, nous ne pourrions jamais parvenir à son intime purification, à cause de sa grande compaction et de la forte union de ses parties. C'est pourquoi il ne nous est pas nécessaire de prendre le premier au rouge tout seul, et le second au blanc[2], puisque nous avons une chose et un corps composé d'un, soufre et d'un, argent-vif aussi pur et aussi net, et sur laquelle matière la nature a opéré fort peu, et même point du tout, en sorte qu'avec notre feu artificiel et avec l'expérience de notre art, et par une action ingénieuse et continuée, nous pouvons parvenir à sa décoction convenable, à sa purification, coloration et fixation.

Il faut donc choisir une matière dans laquelle il y ait un argent-vif pur, clair, blanc et rouge, qui ne soit pas venu à perfection, mais mélangée également et proportionnellement par des moyens convenables avec un tel soufre, et coagulée en masse solide, afin qu'avec notre art et avec notre feu artificiel nous puissions parvenir à sa modification et purification intime, et les rendre tels, qu'après la fin de l'ouvrage ils soient mille et mille fois plus parfaits que ces corps simples qui ont été cuits par la chaleur naturelle.

Soyez donc sage, car si vous êtes un peu habile et ingénieux dans la lecture de mes chapitres, vous trouverez que je vous ai enseigné assez clairement la manière d'opérer et le choix que vous devez faire de la matière de la Pierre.

---

2   Ici Bacon commence à déguiser la vérité, mais dans la fin de ce chapitre il fait assez connaître la matière.

Bacon a déguisé un peu la vérité, en disant que l'or, et l'argent ne sont pas la matière de la Pierre ; et il est certain qu'ils ne le sont pas seuls, car il faut un argent-vif pur et net, lequel contient aussi dans son intérieur son soufre blanc et rouge, pour réincruder ces corps parfaits, afin de les rendre ensuite mille et mille fois plus parfaits, par le moyen de leur feu qui est l'argent-vif ; ce qu'il dit dans le chapitre suivant le déclare assez.

Je crois, dit-il, que si tu n'as pas la tête dure, et que tu ne sois pas tout-à-fait enveloppé du voile de l'ignorance, tu as pu conjecturer par mes paroles quelle est la matière de la Pierre pour perfectionner les métaux imparfaits, c'est-à-dire qu'il faut la faire avec ceux qui sont plus que parfaits. Et d'autant que la nature ne nous a donné uniquement que les imparfaits, il faut que par notre art nous rendions plus que parfaite la matière connue et dont nous avons tant parlé dans nos chapitres ; et si nous ignorons la manière d'y opérer, nous devons considérer comment agit la nature.

Son compagnon Richard Anglais, dans son correctoire éclaircit le peu d'obscurité que l'on trouve dans le discours de l'autre ; ou, comme il y a bien de l'apparence, les paroles de Bacon ont été altérées par les envieux qui l'ont fait imprimer. Écoutons donc Richard, lequel après s'être fort étendu sur la manière dont les métaux se produisent dans les minières, et ayant fait connaître qu'ils se forment de soufre et d'argent-vif, il continue ainsi :

Ceux-là sont bien fous, dit-il, qui mettent en avant tant de sophistications pour tromper les hommes, et tant de choses peu probables, et qui n'ont nul fondement en nature. Ils extravaguent en prenant un arrière faix, des coques d'œufs, des cheveux, le sang d'un homme roux, les basilics, les vers, toutes sortes d'herbes, les excréments humains et d'autres animaux ; ainsi ils prétendent avec des choses très méchantes, imparfaites et très éloignées du sujet donner la perfection aux métaux.

Mais parce que dans leurs imaginations ils n'ont jamais su connaître ce qu'ils devaient faire, ils ont prétendu qu'en semant de la fiente ils pouvaient recueillir de l'or ; ce qui paraît impossible, suivant l'axiome que *votre récolte sera semblable à ce que vous aurez semé* ; c'est pourquoi celui qui sèmera de la fiente, ne recueillera que de la fiente. Ainsi il n'est pas étonnant si ceux qui veulent faire nos merveilles avec des choses si vilaines et si éloignées de la nature métallique, sont trempés, de même que ceux qui ajoutent foi à ce qu'ils disent.

Semez donc l'or ou l'argent, si vous voulez qu'ils apportent un fruit convenable à votre travail, et suivant la nature ; car c'est l'or et l'argent seuls qui peuvent produire l'or et l'argent, et il n'y a autre chose au monde qui le puisse faire, d'autant que toutes les autres choses sont détruites et brûlées par le feu ; et c'est folie de chercher une chose dans un sujet et dans un lieu où elle n'est pas ; c'est donc une vanité de chercher la source de l'or et de l'argent dans les choses fétides et adustibles.

Il continue dans la suite à montrer que quoique le soufre et le mercure commun soient les principes prochains des métaux, cependant le soufre et le mercure commua, tels qu'ils sont dans leur nature, n'entrent point dans l'ouvrage du Philosophe, lequel cherche le soufre et le mercure très fixes, très purs et incombustibles, dans les lieux où la nature les a produits, et non ailleurs.

Voilà ses paroles, qui montrent la différence qu'il y a entra le soufre commun et celui des Philosophes s'il faut à présent voir quelle différence il y a entre le simple soufre combustible vulgaire et le soufre incombustible des Philosophes, d'autant qu'ils disent que le soufre coagule le mercure. Il faut donc savoir si tout soufre coagule le mercure, j'entends en métal parfait tel que fait le soufre de la Pierre ; on ne balance point à dire que non, parce que, selon les Philosophes, tout soufre vulgaire est contraire aux métaux. C'est pourquoi Avicenne dit qu'il n'entre pas dans notre magistère, car le soufre vulgaire salit, infecte et corrompt, de quelque manière et par quelque artifice qu'on le prépare, d'autant qu'il est un feu infecté et sale ; car si on le fixe, il empêche la fusion, comme Geber et l'expérience font voir, et alors il n'est pas possible de le joindre aux corps métalliques, puisqu'il est contraire à leur fusion.

Cela paraît assez dans le fer, qui contient en lui un soufre grossier, terrestre et fixe ; et si le soufre est calciné, il se réduit, en une substance terrestre et semblable à une terre morte, non fusible ; comment donc pourrait-il donner la vie aux autres métaux ? Il a aussi une double superfluité et imperfection, c'est-à-dire une substance inflammable et des ordures terrestres ; c'est pourquoi il ne nous sera pas difficile de voir la différence qu'il y a entre le soufre vulgaire et celui des Philosophes, qui est un feu vif simple et vivifiant les autres corps morts, qui les mûrit et nettoie, suppléant aux défauts de nature, parce qu'il est plus mûr, puisqu'étant très pur en lui-même, par notre artifice il est de plus en plus dépuré, et mené à une plus grande perfection. C'est ce qui fait, dit Avicenne, qu'un tel soufre ne se trouve point sur la terre, si ce n'est que parce qu'il existe dans les corps du Soleil et de la Lune ; mais il est plus parfait dans la Soleil, parce que son corps est plus cuit et plus épuré ; or les Philosophes ont fort subtilement imaginé la manière dont ils pourraient tirer de ces deux corps leur soufre, c'est-à-dire leur sperme, leur semence ou essence séminale, et comment-ils pourraient purger leurs qualités par l'art, c'est-à-dire séparer l'essence du corps hétérogène, suivant les moyens de nature, et faire en sorte que leur vertu occulte, l'esprit séminal qui est caché dans le fond de leur corps, pût paraître et se réduire à l'acte ; et ils disent tous que cela ne se peut faire que par la dissolution et putréfaction des dits corps, les réduisant en leur première matière, c'est-à-dire en argent-vif, duquel ils ont été formés au commencement ; ce qu'il faut faire sans y mêler rien d'étrange, les choses étranges n'ayant nulles qualités pour perfectionner la Pierre, c'est-à-dire la quintessence de l'or et de l'argent ; au contraire elles gâtent et altèrent, la vertu séminale de l'espèce.

En effet une chose ne peut être dite convenable à une autre, que quand elle lui est propre en nature, comme est cette Médecine, qui est simple et de nature minérale, faite et produite par l'humidité du mercure dans lequel l'or et l'argent ont été auparavant dissous ; de même que si vous mettez la glace en l'eau, l'eau et la glace ne font plus qu'un seul corps et une même substance ; mais si la glace ne se résout point dans l'eau, la glace ne se joint point à l'eau, quoi qu'elle y demeure, et l'eau n'est point imbue ni remplie de la qualité froide qui est le propre de la glace.

De même, si vous ne savez rendre le corps de l'or en mercure par le moyen du mercure, vous ne pourrez jamais avoir la vertu qui est cachée et comme congelée dans ce corps : cela veut dire que vous ne pourrez pas avoir le soufre parfait, cuit et digéré par la nature dans la mine, qui est la quintessence de l'or.

Ainsi quoique la nature et l'or soient deux choses, la Pierre est une, la substance est une, et la Médecine unique, qui cependant est appelée par les Philosophes *rebis*, c'est-à-dire une chose composée de deux qui ne sont qu'une en nature et en substance. Il est aisé d'entendre que c'est l'esprit et le corps, rouge ou blanc, le vif-argent, et l'or ou l'argent ; ce qui a trompé plusieurs ignorants, qui ont donné une mauvaise interprétation, au mot de *rebis*. Il est vrai que cela lignifie *deux choses* ; en effet ce sont deux choses ; mais ces deux choses n'en font qu'une, puisque ce n'est autre chose que l'eau ou l'esprit joint au corps, lequel corps se doit au commencement, résoudre en esprit, ou pour parler plus clairement, en esprit minéral, de laquelle il avait été produit auparavant ; et par ce moyen, du corps et de l'esprit se forme une eau minérale que l'on nomme *élixir*, ou plutôt *ferment*, puisqu'il corrompt ensuite et assimile la pâte métallique à sa nature ; et ainsi le corps et l'esprit ne font plus qu'une même chose, de laquelle on fait la teinture et la médecine, de tous les corps qu'on veut purger, ce qui paraît impossible aux ignorants : et ce n'est que de cette manière que nous pouvons avoir le même soufre et le même mercure sur la terre, desquels la nature a fait l'or et l'argent dans le profond de ce globe ; ce qui marque la nécessité qu'il y a que l'art imite la nature, et qu'il n'est pas possible d'y parvenir par d'autres moyens.

Avicenne que Richard a cité en fort peu de mots que celui qui veut faire l'élixir au blanc, trouvera le soufre blanc dans l'argent, et le soufre rouge dans l'or et parce qu'un tel soufre ne se trouve en aucun autre lieu sur la terre que dans ces deux luminaires, il faut donc préparer ces deux corps, et les rendre extrêmement subtils, afin que vous puissiez tirer d'eux un soufre et un argent vif semblables à ceux qui ont formé l'or et l'argent dans le fond du globe terrestre.

Ce soufre et cet argent-vif étant purifié et exalté par l'art en quintessence, est le véritable sperme ou semence métallique, végétable et multiplicative, comme on l'a déjà montré.

L'or donc est la véritable matière de la Pierre des Philosophes : il n'est cependant pas lui même la Pierre, quoique quelques Auteurs semblent le dire ; mais ils prennent exprès le contenant pour le contenu, à la manière des Poètes. Il est certain que l'or dans son état simple et sa corporéité grossière, n'a aucune action transmutative car comme il a déjà été dit, il n'y a que sa quintessence séminale qui puisse végéter et transmuer en sa nature aurifique l'argent-vif commun et celui des métaux, n'y ayant uniquement que l'argent-vif qu'elle transmue et assimile. Il faut donc dépouiller l'or de sa corporéité et de ses superfluité terrestres, car il en a comme les autres corps, pour avoir son âme végétable qui est la quintessence, et c'est ce que nos Maîtres appellent, exalter l'or au plus haut degré de perfection, le rendre plus digeste, extraire son soufre, sa teinture, sa semence, le subtiliser, et rendre ce corps spirituel ; ce qui ne se peut faire qu'en dissolvant et purifiant ce corps par une dissolution et putréfaction naturelle, c'est-à-dire qui n'altère point son essence ; et cette dissolution naturelle ne se peut faire que par une humidité homogène qui le ramollit et le réduit en substance liquide, et alors l'art peut séparer le grossier du subtil, et l'âme du corps.

Et comme il n'y a que l'argent vif qui soit de la nature prochaine de l'or, c'est par lui seul qu'on peut faire cette dissolution, qui nous donne le moyen d'avoir la substance plus que parfaite de l'or ou de l'argent, qui est ce qu'on appelle *Pierre Philosophale* et *Médecine* de tous les corps ; et quoique cette vérité soit évidente par tout ce que j'en ai dit, je le confirmerai encore par les sentences de nos Maîtres.

La Pierre des philosophes, dit le Cosmopolite[3], n'est autre chose que l'or digéré et exalté au suprême degré de perfection, c'est-à-dire réduit en quintessence.

Geber[4] : L'or est la teinture au rouge, car il teint et transforme tous les corps métalliques.

Augurelle : Dans l'or est la semence de l'or, quoiqu'elle soit étroitement enfermée dans le plus profond de son corps.

D'Espagnet[5] : Celui qui cherche la teinture des Philosophes ailleurs que dans le Soleil et la Lune, perd son temps et sa peine car l'or seul peut donner la tein-

---

3   Chap. 10 des 12 Trait.
4   Somme de perfection, cap. 32 et 33.
5   Canon 28.

ture exubérante aurifique, et l'argent la teinture argentifique.

Que ces deux métaux[6] sont appelés parfaits par plusieurs raisons, mais entre autres parce qu'ils abondent un soufre très dépuré et fixé par la nature. Que ces deux métaux[7] ont deux propriétés qu'ils peuvent communiquer aux autres imparfaits, c'est-à-dire la teinture resplendissante et parfaite; et la fixité parfaite, parce qu'eux seuls ont ces deux propriétés; ainsi ceux qui les cherchent ailleurs ne les trouveront pas, car on ne peut trouver une chose où elle n'est pas.

Richard Anglais[8]: Le soufre des Philosophes se trouve dans le Soleil, en le digérant et cuisant longtemps, et le soufre blanc dans la Lune.

D'Espagnet: Notre teinture n'est autre chose que le soufre rouge tiré du corps de l'or.

Valois[9], que le Cosmopolite a si fort imité, Crois seulement que l'homme engendre l'homme, et le métal le métal; car quoique l'or soit dit mort, il a cependant en lui la semence par laquelle il peut être multiplié à l'infini. Et un autre endroit il dit: Tiens pour certain que l'or est le commencement de notre grand d œuvre, mais non pas en l'état où il est parce qu'il est dur et solide, et très uni dans toutes ses parties; c'est pour-

---

6 Canon 29.
7 Canon 30.
8 Dans le petit Rosaire.
9 Au commencement du 2e Livre.

quoi il le faut rompre et briser, et puis après faire opérer la nature ; aussi et il dit qu'il faut le réduire en sa première matière qui n'est autre chose que vif-argent, duquel il a été premièrement créé et engendré ; mais d'autant que pour le réduire à cette première matière nous avons besoin d'une nature liquide, ainsi que le safran jette sa teinture dans l'eau. Car quelle chose peut rendre liquide un corps qui est déjà fort dur et sec, si ce n'est une matière liquide, comme on voit que la boue est faite d'eau et de terre ? Il faut donc une eau tiède dans laquelle ledit corps se convertira et dissoudra, et au lieu qu'il est épais, il deviendra boueux et fangeux, et cela se fait par deux raisons, c'est-à-dire pour le purger et nettoyer d'aucunes impuretés qui par nature sont demeurées en lui, et il ne peut être nettoyé qu'en lui ôtant sa dureté, d'autant qu'en l'état où il est, ni même quand il est fondu, rien n'en peut être séparé, à cause qu'il est amolli par la solution qui facilite l'humidité qu'il désire : alors les évacuations se font d'elles-mêmes et les impuretés se réparent par la simple digestion.

Je ne sais si on peur enseigner l'art plus clairement et avec des raisons plus évidentes, cependant les Artistes n'en veulent rien croire, ils s'imaginent en savoir davantage, n'ayant la plupart pour objet de leurs opérations que l'esprit universel, les sels centriques, et autres imaginations chimériques. Mais voyons la suite du même Auteur.

Je crois, dit-il, que la Pierre des Philosophes soit partout et en tous lieux, c'est partout le principe universel de toutes choses, et par conséquent de la même Pierre, elle n'est pourtant parfaitement et prochainement que dans l'or, car en icelui est enclose toute la puissance de nature, qui est dite soufre et feu; car c'est une vertu astrale, qui après plusieurs circulations dans la terre, est condensée et épaissie par double vertu avec l'humidité de l'air, qui à mesure lui a été adjointe: ainsi dans l'or est la Médecine universelle et la source de vie.

Vicot son compagnon dit: La Pierre est une quintessence descendue du Ciel en terre, qui a donné vie à toutes les choses du monde. Sa première origine est au Ciel, et secondement selon, l'art elle est dans l'or et dans l'argent, c'est-à-dire liquides et mous de leur nature, qui est l'argent-vif.

Nous avons déjà dit comment l'air imprégné des influences des astres, s'épaissit dans la terre et produit les métaux, et que de la plus pure et subtile substance se produit l'or et l'argent, qui sont les matières de laquelle on fait la Pierre; et les Livres de ces deux Philosophes sont remplis d'une telle doctrine, que le Cosmopolite semble avoir copiés dans ses douze Traités.

Il faut donc ramollir l'or et le réduire en mercure par le mercure qui est essentiellement de la nature de l'or, aussi incombustible et aussi parfait que lui, quoiqu'il soit volatil; mais sa volatilité n'empêche pas que sa nature ne soit inaltérable; il ne tire les propriétés, comme dit Geber[10], que de l'incombustibilité de l'argent-vif, c'est pourquoi il s'écrie que béni soit le grand et sublime Auteur de la Nature, qui a créé l'argent-vif, et qui lui a donné une substance incombustible, et la propriété de conserver les métaux de l'adustion du feu propriété qu'aucune créature ne possède comme, lui, car c'est lui qui surmonte le feu, et il n'en est pas surmonté, mais il s'y réjouit et y demeure tranquillement comme dans sa sphère, ce qui paraît encore mieux lorsque la nature le fixe en or. Et le Cosmopolite[11] fait allusion à cela, lorsqu'il répond à son Chimiste qui lui demande où il faut chercher le soufre des Philosophes ; que le soufre des Philosophes est dans les plantes, dans les animaux, dans la terre et dans l'air ; et partout ; mais que pour leur ouvrage ils honoraient ce soufre lorsqu'ils le voyaient être incombustible, nager au milieu des flammes, et se jouer de leur ardeur.

L'argent-vif étant donc une humidité minérale, métallique, incombustible, et de la nature de l'or, est celle qu'il faut prendre pour résoudre l'or en pourriture, avec la conservation de l'espèce ou essence séminale ; car nous avons fait voir que l'essence est de sa nature incorruptible et inaltérable, quoique le corps soit putréfié, et elle ne peut être altérée que par le mélange d'une essence de nature diverse : or rien n'est plus proche en

---

10   Som. Perf. L. I, cap. 3.
11   Dialogue du soufre.

nature aux métaux, et particulièrement à l'or; que le vif-argent: c'est pourquoi Geber dit que cette humidité est amiable et agréable aux métaux, et que c'est par son seul moyen qu'on peut extraire les teintures ou essences des corps parfaits, pour les transmettre dans les autres métaux.

Tout l'œuvre consiste donc dans ces deux substances qui ne sont proprement qu'une en essence, et il n'y a point d'autre différence, sinon que l'one est fixe, et l'autre ne l'est pas encore, quoiqu'elle le puisse devenir facilement. Écoutons encore Arnaud de Villeneuve[12].

Sans le Soleil et sans la Lune vous ne trouverez aucun corps qui puisse teindre en or ou argent; tirez donc la teinture de l'or par le moyen de l'argent-vif, car ils sont tous deux de la même nature; c'est l'or qui donne la teinture de l'or, et l'argent celle de l'argent. Celui donc qui fera imbiber l'argent-vif de la teinture de l'or et de l'argent, il aura l'art et le magistère; ne travaillez donc point autrement qu'avec l'or, l'argent et l'argent-vif, parce que l'argent-vif est la mère de tous les métaux, et ils se résolvent en lui. Et un peu plus bas:

Il faut donc prendre le corps dans lequel est le soufre rouge et fixe, et le réduire dans les premiers principes, en argent-vif; car il faut que le corps devienne esprit semblable à l'argent-vif, pour être ensuite dépouillé de sa nature grossière et terrestre.

---

12   Dans le grand Rosaire.

Le Trévisan : Notre Médecine se fait de deux choses qui sont d'une seule et unique essence, c'est-à-dire de l'union et du mélange du mercure non fixe avec le mercure fixe, dit mercure spirituel avec le mercure corporel.

Alanus : Celui qui ne sait tirer l'âme du Soleil et de la Lune, pour les transmettre ensuite aux corps imparfaits dans la projection, est hors de chemin : or le moyen de l'extraire, c'est par l'esprit du mercure, car c'est l'eau naturelle qui dissout le corps.

Raymond Lulle[13] : Je te dis mon fils, que pour faire notre Pierre, tu dois prendre la nature de ces deux luminaires qui sont proprement naturels à la Pierre, c'est-à-dire la substance naturelle de la Pierre, au-dedans desquels est la splendeur permanente, le soufre lumineux, clair et fixe, laquelle splendeur resplendit jusque sur leur superficie ; je veux dire, qu'il faut prendre le Soleil et la Lune, qui avec leurs rayons lumineux obscurcissent le feu et y résistent.

Mon fils, considérez que celui qui ne prend pas une de ces deux matières, ressemble à un Peintre, qui voudrait peindre sans couleurs, et sans pinceau. Et parmi les corps innaturels, c'est-à-dire qui ne sont pas si naturels que l'or, vous devez prendre le corps, volatil qui cache sa nature (notez bien) dans la concavité profonde

---

13 Testament cap. 6.

de son ventre, et laquelle on ne peut avoir que par une certaine amiable concorde. Et ailleurs :

Il exhorte ainsi le Roi Édouard son ami : Ne travaillez donc avec autre chose qu'avec le Soleil, et le mercure pour le Soleil, et avec l'argent et le mercure pour l'argent.

Avicenne : Celui qui veut faire l'élixir blanc trouvera le soufre blanc dans l'argent, et celui qui voudra faire l'élixir rouge trouvera le soufre rouge dans l'or, et comme ce soufre ne se trouve sur la terre que dans ces deux corps, il les faut préparer subtilement, afin que vous puissiez avoir leur mercure.

Le son de la Trompette : Dissolvez le corps parfait dans le mercure, vous aurez de là, la vertu occulte, c'est-à-dire le soufre philosophique digéré et cuit.

Le même : Tirez l'argent-vif, c'est-à-dire la Pierre philosophique, tant des corps que de l'argent-vif, puisqu'ils sont d'une même nature, et vous aurez sur la terre la même matière donc l'or et l'argent sont engendrés dans les entrailles de la terre.

Le Trévisan : Si vous dissolvez l'or dans l'argent-vif par un moyen convenable et un chemin naturel, vous aurez un argent-vif qui aura les propriétés de l'or.

Richard : le mercure cru réduit les corps dans leur première matière, ce que le mercure des corps ne peut pas faire.

Il faudrait faire un très gros volume pour citer de semblables passages, qu'on ne veut pas croire quoiqu'ils soient conformes à la raison, qui est la règle que les Philosophes donnent pour connaître quand ils disent la vérité.

Je sais que ceux qui n'y croient point, soutiennent qu'ils ont de bonnes raisons pour réfuter les arguments de ces Philosophes, entre lesquelles deux me paraissent très fortes, et plus encore la première : laquelle est que l'or et l'argent ne se dissolvent pas dans le mercure, quelque feu qu'on lui donne ; et quelque industrie qu'on y mette ; ce qui a été expérimenté par un très grand nombre de personnes.

L'autre, que l'expérience qu'en ont faite, comme je viens de dire, plusieurs personnes, rend convaincante ; c'est que tous les philosophes qui ont écrit de cet Art, disent d'une commune voix que l'or et le mercure dont ils se servent ne sont pas l'or ni le mercure commun, et qu'ainsi il est inutile de citer tant d'Auteurs, puisqu'ils disent tous la même chose. Ils disent de plus que leur or est vif, et que le commun est mort. Il n'y a rien à dire à cela : il faut convenir qu'ils ont raison, puisque la marque de la vérité est dans la concordance. Mais nous dirons aussi que l'or philosophique et le mercure philosophique se tirent de l'or et du mercure commun, par une préparation philosophique ; mais comme cela demande une explication plus particulière, vous en ferons un chapitre à part.

CINQUIÈME TRAITÉ

Du Mercure & de l'Or Philosophique.

Les Philosophes Chimiques ne créent rien de nouveau, mais ils préparent et purifient ce que la nature leur donne accompagné de ces immondices qu'on appelle *le péché originel des individus*, c'est-à-dire une tache impure qui accompagne tous let êtres, et dont le mercure et l'or même ne sont pas exempts.

Quand les Philosophes ont réduit ces deux substances à la pureté requise à leur grand œuvre, ils l'appellent eu cet état *or* et *mercure philosophiques;* et d'ailleurs comme le grand œuvre est un ouvrage de plusieurs mois, et même de quelques années, selon la manière dont il est conduit, et qu'il y a plusieurs degrés de coctions et plusieurs manipulations, principalement dans le commencement, il arrive que ces deux choses prennent diverses formes et divers degrés de perfection.

Les Artistes les ont considérés suivant les différents temps et les diverses formes, et les ont appelés notre *ar-*

gent-vif et *notre or*. Cela semble dire qu'il y a plusieurs ou divers argents-vifs et or philosophiques, quoiqu'en substance ce ne soit qu'une même matière, de laquelle l'or et l'argent-vif parfaits sont tirés, et cette matière n'est que l'argent-vif, l'or et l'argent commun.

C'est la plus grande énigme que le Lecteur trouve dans les Livres, et c'est ce qu'il faut faire voir par l'autorité des mêmes Philosophes ; mais parce que l'argent-vif commun est proprement la clef qui nous ouvre la porte pour trouver tous les autres argents-vifs que les Philosophes ont cachés de manière qu'à peine quelques-uns ont osé le nommer ou dire qu'il faut s'en servir, il faut parler de lui auparavant ; car c'est de lui et par lui que nous avons l'or philosophique vif, comme nous le verrons dans la suite.

Le maître de tous les maîtres, Geber, enseigne bien clairement que la Pierre consiste dans l'argent-vif, et qu'elle se fait d'argent-vif ; il veut même insinuer que du seul argent-vif on peut faire la Pierre mais comme cet ouvrage serait trop long, il conclut dans ses Traités du parfait Magistère, que pour abréger cet œuvre qu'on pourrait faire sur l'argent-vif cru, on y ajoute le corps parfait qui est un argent-vif cuit et perfectionné par la nature, lequel corps doit être subtilisés et rendu spirituel par l'argent-vif cru.

Il est vrai que dans la Somme de perfection[14], il dit nettement que l'argent-vif commun dans sa nature et tel qu'il est, ne peut pas produire la perfection ; mais aussi il ajoute qu'il le fera en ôtant les deux imperfections accidentelles qui sont en lui, c'est-à-dire une humidité superflue et une terrestréité fétide qu'il a contracté dans la mine, afin d'avoir sa moyenne substance pure et resplendissante, qui est sa véritable substance ; sur quoi il est bon de remarquer que quasi toute la substance du mercure est essentielle, et qu'il a très peu de superfluités, cependant ce peu fèces empêche qu'il puisse agir sur l'or, et pénétrer la petitesse de ses pores, pour le dissoudre, et le réduire en, sa nature mercurielle, comme il est nécessaire qu'il soit.

Il faut donc ôter au vif-argent ses imperfections par l'art philosophique, sans altérer ni détruire sa nature de vif-argent, pour lors vous aurez le premier mercure philosophique, qui est sa moyenne substance et son essence. Cette vérité est confirmée par tous les Auteurs qui ont été un peu plus ouverts et moins jaloux. Écoutez Espagnet[15].

Les Auteurs les plus graves, dit-il, aussi bien que l'expérience nous montrent que l'argent-vif des Philosophes, n'est point l'argent-vif dans toute sa nature et dans toute sa substance ; mais sa substance

---

14   Pars. Prima. Lib. 2, cap 4.
15   Secret hermétique n°45.

moyenne qui est son essence, pure que le Philosophe par son art sépare de l'impurs ; car l'argent-vif commun est en partie naturel et en partie innaturel ; sa nature parfaite et essentielle est cachée dans son intérieur, parce que les superfluités externes enveloppent son esprit interne, céleste et pénétrant. Séparez donc l'impur de l'impur, la substance des accidents, par une voie naturelle, mettant au jour ce qui est caché de bon dans son intérieur ; et si vous ne pouvez faire cela, ne passez point outre, car c'est tout le fondement de l'art.

Il fait voir ensuite quelles sont ces impuretés. L'argent-vif vulgaire, dit-il, est infecté comme les autres corps, de l'infection du péché originel propre tous les mixtes, c'est-à-dire des superfluités d'une terre grossière et d'une eau sale qui rend hydropique et lépreux ; et dans cet état il est plus corporel et plus grossier qu'il ne faut pour dissoudre et pénétrer l'or : il faut donc séparer la substance subtile des superfluités grossières et aqueuses, qui n'étant qu'accidentelles, sont séparables.

Nous avons vu ci-dessus ce que Raymond Lulle dit du vif-argent, qu'il cache sa nature essentielle dans la concavité profonde de son ventre ; mais il en parle plus clairement dans le chapitre suivant[16].

Mon fils, dit-il, à moins que l'esprit ne soit purgé de ses impuretés corruptibles qui sont sa mort, son corps

---

16 Test. Cap. 7.

ténébreux et impur empêchera que la lumière resplendissante de son âme ne paraisse, et tu ne pourras jamais faire le mariage entre le corps et l'esprit.

Purgez-le donc de toutes ses superfluités et impuretés terrestres qui font sa mort, et qui mortifient son esprit vivifiant et agissant.

Le Cosmopolite, dans son plaisant dialogue entre le Mercure et l'Alchimiste, quand il lui demande ce qu'il est dans son intérieur, il lui répond ces paroles remarquables : Tu vois ma forme externe, de laquelle tu n as pas besoin : mais quant à mon intérieur, c'est le centre du feu le plus pur, immortel très pénétrant et très fixe. Et lorsqu'il parle de cette eau dans laquelle les pommes d'or et d'argent doivent être dissoutes, afin de pouvoir porter fruits et semences multiplicatives, il dit, qu'elle doit être tant de fois purgée et rectifiée, jusqu'à ce qu'elle puisse dissoudre l'or.

Philalèthe dans son Traité, ne parle quasi d'autre chose que de cette préparation de mercure philosophique, et quoique l'un dise qu'il est composé de mercure commun et du régule martial d'antimoine, comme Paracelse et Artéphius, et d'autres d'autre manière, c'est pour ne pas trop enseigner le vrai chemin : ce que nous pouvons tirer de leurs discours, c'est qu'il y faut une préparation, et que ce soit de choses de sa nature, pour ne rien altérer de sa substance.

Raymond Lulle va encore nous montrer que l'or philosophique qu'il nomme aussi *soufre*, est dans l'or commun, aussi bien que le premier mercure philosophique est dans l'argent-vif commun.

Mon fils, dit-il[17], tu dois entendre que le soufre blanc et rouge viennent uniquement de la matière des métaux, c'est-à-dire le blanc de l'argent fin, et le rouge de l'or fin ; mais pour l'avoir, il faut que la matière soit extrêmement dépurée par la cuisson, comme nous le verrons dans le chapitre suivant.

Oh, mon fils, un tel soufre ne se peut trouver sur la terre que dans ces deux corps seulement ; c'est pourquoi il faut préparer noblement ces deux corps, afin que nous ayons, un soufre et un argent-vif tel que la nature l'a employé sous terre ; à cette fin en mêle avec ces corps l'argent-vif d'une manière fort subtile, et si tu les sais mêler intimement ensemble, tu parviendras à un grand secret, qui est de faire le soufre blanc et rouge que nous appelions la *bénite Pierre* et *l'or philosophique*, et on ne peut tirer ces deux soufres que de ces deux corps, parce que eux seuls contiennent le soufre blanc et rouge incombustible et purifié par l'adresse de nature, ce qui est une chose si haute et si excellente que l'art ne peut l'imiter, parce qu'il y a de certaines choses que la nature seule peut faire ; car si tu voulais commencer comme elle commence, comme de faire ses soufres de la matière universelle, ce serait un ouvrage qui te semblerait si long, si plein d'inquiétude, et rempli de tant

---

17   Testam. Cap. 17.

de difficultés, que tu désespérerais d'en venir jamais à bout, sans compter les fatigues et dépenses inutiles; et supposant même que tu pourrais faire quelque chose, tu ne le ferais jamais si bien que la nature l'a fait; c'est pourquoi cette Science choisit l'or ou l'argent pour père, et l'argent-vif commun pour mère, car ces deux corps préparés dans la suite, et joints avec leur propre soufre ou arsenic, forment la Pierre des Sages.

Donc dans l'or est le soufre et l'or vif des Philosophes et la teinture rouge, et l'argent donne l'arsenic pour la teinture blanche, qui teignent les corps imparfaits d'une couleur parfaite.

Mêlez donc l'argent-vif avec ces deux corps, non pas l'argent-vif commun tel qu'il est, car tu dois savoir que l'argent-vif commun, tel qu'il est, ne se mêle point intimement aux corps.

Et plus bas: Mon fils il faut que tu sois stable dans ton propos, car notre Art ne consiste pas en beaucoup de choses, puisqu'il n'y a qu'une seule Pierre qui est notre soufre et une seule Médecine qui est la composition de notre soufre, auquel tu ne dois rien ajouter, mais seulement ôter la matière superflue, qui sont les parties terrestres et flegmatiques.

Écoutez le bon Prêtre Vicot[18] compagnon de Valois. Sachez donc, dit-il, que chaque chose engendre son semblable; car la semence de l'or fait l'or, et la semence

---

18   Lib. 3, cap. 2.

de l'argent fait l'argent mais l'or et l'argent aussi bien que l'argent-vif vulgaire, sont morts, mais les nôtres sont vifs, c'est-à-dire ils opèrent comme choses vivantes ; c'est pourquoi ils ne sont pas les vulgaires, qui sont bien différents des nôtres. Et cependant les vifs sont descendus des morts ; car notre or, notre argent et notre argent-vif sont tirés de l'or, de l'argent et de l'argent-vif vulgaires, qu'on voit toujours.

Et en effet, d'ou pourraient-ils venir, si ce n'est de là, puisque les Philosophes nous disent ce que la raison même dicte, que nous ne pouvons pas faire les essences des choses, parce que ce serait un ouvrage trop long de commencer par la matière universelle, et que même nous ne pouvons pas savoir les proportions que la nature emploie, que l'or et l'argent-vif des Philosophes est partout, c'est-à-dire dans la matière universelle, mais qu'en certaines choses elles sont plus proches qu'en certaines autres ; qu'ils disent et enseignent que dans les deux corps parfaits et dans l'argent-vif minéral consiste la perfection.

Il faut donc croire que l'or et l'argent-vif des Philosophes est plus prochainement dans l'or et l'argent-vif communs qui deviennent agissants et vifs par la préparation, que le Philosophe leur fait.

Trévisan[19] le confirme : La matière, dit-il, dont est extraite notre Pierre ou Médecine souveraine et secrète

---

19   Parole délaissée au commencement.

des Philosophes, est seulement or très pur et argent très-fin et notre vif-argent, tous lesquels tu vois journellement, altérés toutefois et mués par artifice en nature d'une matière blanche et sèche, en manière de pierre.

Je pourrais rapporter un très grand nombre d'autres Auteurs, sentences et raisons que ces Philosophes nous donnent pour prouver cette vérité, et faire, connaître sensiblement que la matière de la Pierre est l'or ou l'argent, et le mercure commun et vulgaire, et que ces matières vulgaires deviennent matières, philosophiques par l'industrie de l'Artiste.

Mais comme ces préparations philosophiques sont diverses quant aux opérations, et aussi que les effets aussi bien que les temps sont divers, les Philosophes parlent comme s'ils avaient plusieurs argents-vifs et plusieurs sortes d'or, aussi bien que diverses sortes de métaux, par les différentes sortes de noms qu'ils leur donnent, et qu'ils appellent *notre or*; comme ces manières de parler embarrassent fort le Lecteur qui cherche à apprendre, et plus encore ceux qui n'ont pas les principes d'une bonne Philosophie, et qui n'ont que peu ou point de pratique de cet Art, cela cause les systèmes différents que ces personnes font au hasard, ne pouvant asseoir rien de certain sur tous ces sentiments; c'est pourquoi on ne doit pas s'étonner s'il y en a si peu qui réussissent, puisque les plus habiles de ceux même dont nous consultons les Écrits, ont eu tant de peine à y parvenir.

Ce sera donc faire un grand plaisir aux Lecteurs, et les tirer de grands embarras, si je leur donne le fil qui peut les tirer d'un tel labyrinthe, en leur enseignant combien de mercures, combien de sortes d'or et d'autres métaux ils tirent de l'or commun et du mercure commun.

Mais comme cela dépend des préparations et des régimes de l'ouvrage entier, il faudra en même temps traiter des diverses préparations et régimes des matières philosophiques, afin qu'on puisse plus facilement entendre les paraboles et sophismes de ces Savants, dont la plupart auraient beaucoup mieux fait de ne pas écrire, que de composer des Livres pleins d'obscurités, qui servent plutôt à détourner le Lecteur qu'à le mettre dans le bon chemin ; et pour me servir des termes de Geber, ils ne nous ont pas laissé cette Science, mais plutôt une spéculation diabolique qu'ils soient donc maudits à toujours, dit-il, et que je sois maudit aussi, si je ne corrige pas leurs fautes, en exposant cette Science suivant la vérité qu'elle requiert, c'est-à-dire de ne la pas entièrement divulguer, attendu les fâcheuses conséquences qui en résulteraient, mais aussi de ne la pas cacher de manière que personne n'y puisse rien comprendre. En effet ce grand Philosophe a tenu sa parole ; car ceux qui liront ses Livres, à moins qu'ils n'aient l'esprit bien obstrué, connaîtront aisément d'où on peut tirer la matière ; il semble même qu'il enseigne assez clairement en beaucoup d'endroits, de ses Écrits les préparations qu'il convient faire pour rendre cette matière capable de l'effet que nous entendons; quelques-uns même ont réussi dans cet œuvre admirable par la seule lecture de ses Écrits, bien entendu que ce n'était pas d'ailleurs des ignorants. Ce qui est certain, c'est que de tous ceux qui liront ses Livres, pas un ne sortira du règne métalliques; mais revenons à nos Philosophes, à leur énigmes et régimes.

SIXIÈME TRAITÉ

Explication des Énigmes & Paraboles des Philosophes avec les préparations des matières qui entrent dans le Grand Œuvre, & les régimes de la Pierre Philosophique, avec un Traité des feux & des vaisseaux.

La Turbe[20] dit: Maître, tout ce que nous disons n'est sinon faire du fixe le volatil, et du volatil le fixe, et puis du tout faire un moyen entre deux, qui n'est ni sec ni moite, ni froid ni chaud, ni dur ni mou, ni trop fixe ni trop volatil, et tout pour faire un moyen entre deux.

Artéphius: Tout le secret consiste à savoir extraire du corps de la magnésie incombustible, l'or, son argent-vif, et c'est ce qu'on appelle notre antimoine, notre sublimé mercuriel; c'est-à-dire qu'il faut extraire une eau incombustible, et la congeler avec le corps parfait du Soleil qui se dissoudra en icelle en une substance blan-

---

20   Art. 57.

che et à demi caillée comme la crème : mais auparavant sa lumière s'éclipsera, et c'est ce qu'on appelle blanchir le laiton rouge et le sublimer philosophiquement, et le réduire en sa première matière, c'est-à-dire en soufre incombustible, en argent-vif fixe ; et ainsi l'or qui est notre corps par une liquéfaction et circulations réitérées dans notre eau résolutive, se convertit et se réduit en soufre et son argent-vif fixe, et le corps parfait de l'or prend vie dans cette eau, ressuscite et croît, et se multiplie dans son espèce comme les autres choses ; car dans cette eau les corps du Soleil et de la Lune se renflent, grossissent, s'élèvent et végètent, prenant une substance et une nature animée d'âme végétable. L'or donc ou l'argent sont le véritable sujet de la Pierre ; parce que c'est en eux qu'est le soufre incombustible, et l'argent-vif fixe ; c'est pourquoi les Philosophes l'appellent *la Pierre*, prenant le contenant pour le contenu.

Un autre dans la Turbe dit : Prenez la Pierre que je vous ai montrée, et mettez-là dans l'eau de notre mer pour l'y faire dissoudre ; mais comme cette dissolution ne se peut faire que part le moyen d'une humidité minérale la plus proche en nature, telle qu'est l'argent-vif, et que cette matière a besoin d'être purifiée, comme on l'a dit, afin, d'en tirer une essence subtile et pénétrante, en telle sorte qu'elle puisse résoudre l'or en argent-vif par ladite manipulation et purification. Il en résulte le premier argent-vif des Philosophes, qui est la clef qui ouvre la porte de la maison royale où est enfermé le deuxième et véritable argent-vif des Philosophes qui ne se trouve point sur la terre, et qu'il faut que le Philosophe fasse naître, et qu'il compose de l'argent-vif cru, et de l'argent-vif cuit, qui est le fils plus cuit, plus mûr que sa mère ; car alors que l'or est résolu en argent-vif par le moyen du premier argent-vif, il en résulte de l'union des deux un troisième argent-vif, qui est, comme je viens de le dire, le véritable vif argent philosophique.

Le bon Prêtre Vicot, après, avoir parlé du premier mercure cru, dit : Mais nous avons un autre mercure plus prochain, lequel est enfermé dans le corps de l'or et de l'argent qui doit être tiré par le premier et remot, donc par cette vertu crue tu tireras une vertu plus chaude, humide, aérée, subtile, congelée en espèce métallique.

Notre argent-vif, dit-il ailleurs, est le corps de l'or même liquéfié et purifié, ce qu'il répète en cent endroits, aussi bien que ses deux compagnons et beaucoup d'autres.

L'argent-vif de l'or qui est proprement toute sa substance, est cet argent-vif que Hermès dit être caché dans les cavernes dorées ; et c'est de cet argent-vif duquel le fin Cosmopolite entend parler, quand il fait voir la différence qu'il y a entre l'argent-vif vulgaire encore dans sa nature, et]'argent-vif des Philosophes ; et pour le rendre encore plus obscur, il parle des deux quelquefois comme distincts, et quelquefois comme unis, et une autre fois comme déjà fixés et coagulés en pierre ; et c'est ce que le Lecteur doit examiner avec attention.

Le mercure vulgaire ne dissout point l'or, et l'argent, de manière qu'il se sépare d'eux très facilement ; mais le mercure des Philosophes dissout l'or et l'argent, et ne peut plus en être séparé, non plus que l'eau mêlée avec une autre eau. Le mercure vulgaire a en soi un soufre combustible et mauvais, par lequel les métaux sont rendus vilains et sales ; mais notre argent-vif a en soi un soufre incombustible, fixe et parfait, très blanc et très rouge. Le mercure vulgaire est froid et humide ; mais le notre est chaud et humide : le mercure vulgaire salit les corps, et le notre les purifie, et les rend luisants plus que le cristal ; le mercure vulgaire par la décoction se précipite en une poudre citrine ou rougeâtre, et en mauvais soufre ; et le notre par la chaleur le convertit en un soufre très blanc ou rouge, très bon, très fixe, et fluide comme la cire ; l'argent-vif commun, plus on le cuit, plus il devient coulant ; mais le nôtre s'épaissit toujours de plus en plus.

Voila comme parle cet habile Philosophe, qui a dit partout la vérité, mais d'une manière si fine, qu'il faut être bien pénétrant pour percer son obscurité. Et pour embarrasser encore plus l'esprit du Lecteur, et rendre plus obscur ce qu'il dit du mercure philosophique, il y ajoute ce que Geber enseigne, c'est-à-dire que l'on peut faire la Pierre avec le seul argent-vif commun dépuré philosophiquement, en le fixant et inférant, de la manière qu'il le dit dans la Somme de perfection : mais il ajoute dans le Livre du parfait magistère, que pour abréger l'ouvrage qui serait trop long avec le seul mercure, on y ajoute l'or qu'il faut atténuer et dissoudre en icelui. C'est pourquoi le Cosmopolite ajoute, après avoir exagéré la clarté de son discours : Notre argent-vif est d'une telle vertu qu'il te suffit tout seul, et il se suffit seul à lui-même, sans addition d'aucune chose étrangère, par la seule digestion ; il se dissout et se congèle soi-même ; mais les Philosophes pour abréger l'ouvrage lui joignent son soufre bien digéré et mûr, et ils opèrent avec eux.

On peut voir par ce que vient de dire le Cosmopolite que toute l'adresse des Philosophes consiste à entremêler ces deux mercures, et à en parler d'une manière qu'on ne sait pas souvent duquel ils parlent ; et ce qui est encore plus trompeur, c'est qu'ils nomment souvent l'or et l'argent leur mercure, parce qu'ils contiennent tous deux leur vrai mercure, et qu'ils se résolvent en vrai mercure ; et ce qui est encore plus obscure, c'est que lorsque le corps parfait est dissout dans le premier mercure philosophique, et que des deux, c'est-à-dire du corps et de l'esprit, s'est formé le second mercure philosophique ; et comme dans le courant de l'oeuvre il arrive plusieurs changements, dissolutions, congélations et couleurs diverses, les Philosophes donnent à ces diverses solutions et couleurs le nom de divers mercures et de métaux ; comme quand le composé paraît noir, ils l'appellent mercure de saturne ou d'antimoine, de magnésie, ou d'autre minéral auquel le composé a quelque ressemblance ; souvent même ils le nomment du nom du métal tout court, comme quand ils disent notre Saturne, notre Jupiter ou étain, notre Lune, notre cuivre, notre fer, ou notre or.

Ce qui embarrasse le plus, c'est que comme la Pierre n'est que le mercure philosophique desséché, ils l'appellent assez ordinairement notre mercure, et souvent notre soufre et notre or. Ils le nomment encore plus souvent notre or vif, lorsque pour la première fois l'or vulgaire étant réincrudé et réduit en mercure, il est fixé en poudre rouge qui n'a pas encore été multipliée ni imbibée de nouveau mercure ; et parce que pour lors cette quintessence d'or a une couleur rouge semblable au cuivre, ils l'appellent aussi notre cuivre, ou notre soufre incombustible ; comme lorsqu'il est au blanc, ils disent que c'est leur arsenic ou leur Lune philosophique ; parce que cette Lune est transparente et blanche comme du sel, ils la nomment sel ; et suivant les couleurs, les propriétés ou accidents, ils leur donnent le nom de tous les sels, de vitriol, d'alun, de sel armoniac, et autres semblables ; et enfin parce que suivant les divers sentiments on peut les comparer à toutes les choses du monde, ils lui donnent aussi le nom de toutes les choses du monde, suivant les différentes applications qu'on peux faire de la chose dans les différents états où elle se trouve.

Il faut donc que celui qui veut lire les Livres des bons Philosophes, ait l'esprit adroit pour démêler et découvrir à quoi son Auteur fait l'application ; car il est bien vrai qu'ils n'écrivent pas pour enseigner l'art, mais comme ils le disent eux-mêmes, c'est seulement pour rendre témoignage que la science est véritable ; très souvent ils parlent sans déguisement, mais ils enveloppent la vérité avec tant d'énigmes et d'ambiguïtés, qu'il faut avoir beaucoup de pénétration pour les comprendre ; comme le mercure est la clef de tout l'oeuvre, c'est aussi ce qu'ils s'efforcent de rendre plus obscur et plus difficultueux.

Quoique je ne croie pas fort nécessaire de prouver ce que j'ai dit des ténèbres dans lesquelles marche le Lecteur dans ces lectures, et quoique je pourrais m'appuyer sur ce qu'en ont dit plusieurs Auteurs, pour prouver que l'éclaircissement que j'ai donné est bien fondé, et extrait des Livres mêmes des Philosophes, je ne laisserai pas que de rapporter ce qu'en dit l'Auteur anonyme du Secret hermétique, qui avec sa droiture ordinaire parle comme il suit.

Les Philosophes ont caché aux avides les matières de leur Secret sous les noms équivoques de soufre et de mercure. Les plus clairvoyants par la lecture des meilleurs Auteurs, ont compris que sous le nom de soufre ils entendent le Soleil, d'où l'on tire le vrai soufre incombustible ; mais ils sont encore en doute sur le mercure, car il est enveloppé en tant d'obscurités et tant de noms équivoques, et avec tant de tours et détours, qu'il est très difficile de comprendre ce qu'ils veulent dire, et qu'elle est la véritable matière de ce mercure ; et afin de le rendre plus obscur, ils nous présentent plusieurs et différents mercures ; car en chaque régime et en chaque partie de l'ouvrage, ils parlent d'un nouveau mercure, de manière que celui qui n'a pas une parfaite connaissance de toutes les parties de l'ouvrage, ne pourra jamais comprendre quel est ce mercure philosophique. Ils reconnaissent parmi les autres trois principaux mercures : le premier est celui qui résulte de la première purification et sublimation de l'argent-vif vulgaire ; car alors, ils appellent cet argent-vif ainsi dépuré et essentifié, leur mercure : le second mercure est celui qui résulte de la seconde préparation, lorsque le Soleil est déjà réincrudé et résolu en sa première matière ; et c'est ce mercure qu'ils appellent proprement leur mercure et le mercure des corps, et c'est cet assemblage des deux qu'ils appellent *rebis*, *chaos*, *tout l'univers*, d'autant que tout est dans ce mercure ; et il n'y a rien autre chose que de le cuire pour en faire la Pierre ; ils parlent plus de ce mercure que de celui qui doit être le premier ouvrage du Philosophe, duquel ils ne parlent pas pour la plupart, ou fort peu, laissant à l'Artiste à le deviner. Souvent ils nomment l'élixir parfait et la Médecine parfaite leur mercure, nom qui ne convient proprement qu'à une chose volatile et humide ; et c'est pour cette raison qu'ils appellent leur mercure tout ce qui se sublime et s'élève dans le cours de l'oeuvre et dans le vaisseau ; et comme l'élixir étant une chose très fixe, semble ne devoir pas porter le nom de mercure, c'est pourquoi ils le nomment leur mercure pour le différencier du volatil ; mais, ainsi que je l'ai dit, n'étant qu'un mercure très fixe ; ils peuvent l'appeler mercure et omettre l'épithète de *fixe*, étant les maîtres de dire ce qu'ils veulent.

Une des choses qui embarrasse plus le Lecteur, c'est que la plupart des Auteurs qui ont écrit de la Pierre, disent que le mercure des Philosophes est partout et en toutes choses. Il est vrai que les Philosophes qui ont le plus de sincérité, avouent que la matière pour leur ouvrage est une substance prochaine plutôt en certaines choses qu'en autres ; mais comme cela ne suffit pas pour ôter l'équivoque et résoudre cet énigme, et que cela est cause que la plupart s'attachent à extraire leur mercure des plantes, des animaux et des sels, et de toutes sortes de différentes matières, quoique les Philosophes s'écrient contre, et que plusieurs autres prétendent l'extraire, ou de la terre vierge qu'ils appellent *adamique*, et les plus habiles, de l'esprit universel. Je crois qu'il n'est pas mal à propos de donner quelque éclaircissement là-dessus.

Premièrement il faut savoir ce que les Philosophes les plus subtils ont entendu par le mot de mercure. *Nota* que j'ai fait voir que le nom de mercure ne signifie proprement que l'humidité ; ainsi le mercure universel est proprement l'eau, ou pour mieux dire l'humidité de l'eau ; mais il y a un autre mercure universel, qui est celui que les Philosophes entendent sous ce nom ; c'est un assemblage et composition spéciale de tous les éléments, dans laquelle composition l'humidité domine ; et comme ce mercure est rempli de la chaleur qui provient des astres, et de l'âme générale du monde, le mercure est chaud et humide, et il ne manque pas d'un sel très subtil interne ; mais quant aux sens, il ne paraît et on ne sent que l'humidité. C'est de ce mercure universel que toutes choses proviennent, car c'est la nourriture des grains et des plantes dont les animaux se nourrissent, et qui est aussi leur nourriture invisible, y ayant, comme dit le Cosmopolite, une nourriture occulte dans l'air que nous respirons. Or c'est cette humidité aérienne qui donne l'accroissement aux graines dont l'essence séminale transmue ce mercure universel en leur mercure particulier, qui est leur humidité radicale ; et c'est ce mercure universel qui forme le mercure métallique, aussi bien que celui de tous les êtres ; et c'est dans ce sens que le mercure des Philosophes partout et en toutes choses.

Écoutons l'excellent Philosophe Vallois, qui voulant faire connaître aux enfants de la science quel est le mercure qui dissout l'or, ne croyant pas le pouvoir dire ouvertement, il le décrit philosophiquement en la manière suivante.

Je veux te donner encore un plus grand éclaircissement sur les deux principes, et spécialement de la première eau mystique des Philosophes, qui est la mère de tous les métaux et de toutes les choses qui sont au monde, laquelle je te dis n'être qu'eau ardente par laquelle tout corps doit être rompu et mis en pièces.

Sachez donc, fils de doctrine, que le Soleil, la Lune et les Étoiles jettent perpétuellement leur influence dans le centre de la terre pour à laquelle parvenir, il faut premièrement passer par les moyennes régions de l'air, dans lesquelles dont assemblées lesdites influences, lesquelles mêlées et jointes les unes aux autres, sont après distillées dans les pores de la terre jusqu'au centre d'icelle se dépurant de sable en sable, jusqu'à la dernière goutte de leur humidité aérienne. L'air est donc tout rempli de ces influences, la terre en est aussi tout-à-fait pleine; car il n'y a rien dans le monde qui n'en soit rempli; parce que c'est l'essence de toutes choses, et l'âme universelle de tous les corps.

Mais cette semence est grandement abondante en deux qualités principales, savoir chaleur et humidité, desquelles on voit sortir toutes choses qui sont au monde; ce qui arrive néanmoins par l'union du premier mâle, c'est-à-dire par le ferment des semences particulières qui se joint à ladite semence universelle; lequel ferment attire et convertit icelle en sa nature particulière, divisant ainsi les espèces, et les ordonnant suivant la volonté et première ordonnance du Tout-puissant, afin que rien ne soit confondu, et que chaque chose produise des fruits de sa nature. La chaleur de cette semence est cachée dans le centre de l'humidité ; c'est pourquoi elle est invisible, mais cette humidité est le corps et le sperme de la chaleur, lequel en grossissant dans l'air, demande une séparation et purgation philosophique, qui est la préparation des externes, que l'on doit considérer soigneusement sur l'opération de nature. En cette manière cette semence universelle appelée par Hermès triple mercure, à cause de la triple vertu animale, végétale et minérale, passant de lieu à autre par les pores et veines de la terre, purge et nettoie ces lieux par une réitération infinie, parce que ces humidités se suivent et se succèdent comme les vagues de la mer, jusqu'à ce qu'elles soient à leur terme, qui est le foyer ou centre de la terre ; car étant parvenue en ce lieu, l'eau élémentaire ou l'eau de l'air a quitté l'air pur qui est élevé jusqu'à la superficie en forme de vapeur, comme elle était descendue en forme d'humidité aqueuse, jusqu'à ce qu'elle ait fait rencontre d'une terre purifiée par les évacuations précédentes, pour s'attacher et se joindre à elles, lesquelles selon leur pureté oui impureté produisent l'or, l'argent, ou les autres métaux. Mais quand cette vapeur ne trouve pas une telle terre, ou que cette terre n'est pas enfermée entre d'autres terres épaisses, comme sont les lieux qui font les minières, mais qui est de toutes parts poreuse ; alors cette vapeur ne se peut cuire, mais s'élevant toujours vers la circonférence, elle y produit par l'attraction des vapeurs du Soleil céleste, des herbes, des arbres, et toute autre chose ; ou bien elle est congelée par l'air en un certain corps blanc, quelquefois mêlé avec la graisse de la terre, et quelquefois visible aux lieux où il y a de l'adhérence; c'est le sel nitre; puis étant rencontré par la pluie ou autre humidité est dissoute et reportée en bas par une circulation qui n'a jamais de fin. Ainsi examinez bien qu'elle peut être cette matière qui doit faire le dissolvant de l'or; car notre principale intention n'est autre que de prendre ce corps sur les termes que la nature l'a laissé imparfait, et de le parfaire par l'art, c'est-à-dire que la nature avait dessein de rendre ce corps dans la minière tout-à-fait purgé de sa terrestréité, puis le cuire jusqu'à parfaite maturité, pour être la même chose que l'élixir parfait. Mais l'empêchement est venu de l'air, qui transperçant les parois du four souterrain de nature, a refroidi les matières; et fait que nature n'a pu passer outre, tels efforts qu'elle ait pu faire pour cet effet.

Je dirai présentement comment les principes minéraux se font. Premièrement il est à remarquer que les principes des métaux sont seulement soufre et mercure, c'est-à-dire la chaleur et pureté de la terre; le soufre est cette vapeur humide dont nous avons parlé; le mercure qui est le même, qui a nettoyé et purifié le soufre de ses féculentes terrestréités, les réduisant en forme de distillations en une matière grasse en divers et particuliers lieux de la terre. Quelquefois elle est enfermée dans un endroit où la chaleur provenant du centre, est retenue par une certaine voûte naturelle qui la fait réverbérer sur cette matière, quelquefois en milieu vague et environné de pores par où cette chaleur se dilate. En ces lieux-là jamais ne se produit de métal, ou très rarement, si ce n'est du fer : mais en celui qui est environné de chaleur, et où cette graisse s'est amassée par longueur de temps et par des distillations naturelles, lorsque cette vapeur humide arrive, elle se joint à cette graisse, qui se pétrifient ensemble, parce que l'une résiste et se fermente avec la vapeur ; mais la vapeur surmontant toujours le soufre, elle le digère de manière qu'il se consomme dans ce mercure, qui augmente à mesure que l'autre diminue ; et enfin l'or ne serait que mercure cuit par la vertu et ferment de soufre, qui étant séparé de ce mercure, nous aurait laissé un corps aussi lucide que le Soleils, mais comme j'ai dit, l'air froid qui s'est augmenté petit à petit, et qui s'est multiplié par la longueur des temps, a empêché la séparation totale et par conséquent la maturité parfaite. C'est pourquoi l'or ne donne et ne porte point de semence externe comme les végétaux, car il ne peut être mûri qu'après que le soufre a été bien digéré et épuré ; aussi l'or vulgaire n'est point diaphane comme l'est son essence séminale à cause du soufre indigeste qui est répandu en son corps ; et les autres métaux le sont encore moins, chacun en son degré, à cause qu'ils abondent davantage en mauvais Soufre. Il faut donc commencer le travail où la nature a fini et s'est arrêtée ; c'est-à-dire par la séparation totale du soufre, ce qui ne se peut faire qu'en réduisant le corps dans sa première matière, c'est-à-dire dans l'état où il était avant que d'être congelé.

Voila comme cet habile Philosophe insinue avec beaucoup d'adresse aux enfants de la science quelle est la nature du mercure universel philosophique, et comme il est dans toutes choses, dans lesquelles il se spécifie par la vertu séminale de la chose.

Le Cosmopolite dans ses douze Traités, non seulement a suivi, mais on peut dire qu'il a copié cet Auteur ; ce qui a donné lieu à bien des gens de travailler sur un certain esprit universel qui ne se trouve point, et qui n'est point sujet aux sens ; et à d'autres de chercher le dissolvant de l'or, ou de faire la Pierre entièrement, ou avec l'air, ou avec le nitre, ou avec le sel de tartre vierge, ou avec d'antres choses semblables. Et le même Cosmopolite nous fait assez voir que le mercure des Philosophes est bien partout et en toutes choses ; mais il nous dit aussi qu'il est plus prochain en de certaines qu'en d'autres, et qu'il est bien plus à propos de prendre ce qui est près que ce qui est loin, d'autant que comme il l'enseigne, il faut réduire ce mercure universel à la nature particulière du mercure minéral et métallique.

C'est ce que le bon Prêtre Vicot déclare sans déguisement par ces paroles : Je crois, dit-il, qu'en toutes choses soit cette même substance du mercure en forme d'humidité liquoreuse, laquelle après décoction parfaite peut endurer toute chaleur, pourtant elle ne peut bonnement être trouvée qu'aux seuls métaux pour notre ouvrage, desquels on la doit extraire par une semblable vertu gisant en chose crue, le mercure minéral, laquelle n'a encore terminaison qu'en médiocrité, de laquelle il convient de séparer les éléments impurs, et par le moyen de cette vertu crue, il faut faire sortir la nature cuite [21], chaude, humide, aérée, subtile, congelée en espèce métallique ; car notre argent-vif n'est point argent-vif vulgaire, ni en substance, ni en nature, mais mercure philosophique de l'or et de l'argent approché par art au premier être, c'est-à-dire à la quintessence ou mercure universel astral, et de subtilité semblable à la lumière.

Voilà en quel sens le mercure des Philosophes est partout et en toutes choses, et comme tout vient de lui, et c'est cette même raison et en ce même sens qu'Hermès a dit qu'il est dans le ventre du vent, c'est-à-dire de l'air.

Écoutez Osman savant Arabe, qui suivant la manière de sa nation, a accoutumé de parler par métaphores, équivoques, paraboles et énigmes ; il parle de même de la matière de la Pierre et du mercure philosophique ; mais cependant quoiqu'il soit assez obscur dans ses écrits, il est assez de bonne foi en ceci pour en donner l'intelligence. Voici ses paroles : Hermès dit que cette précieuse Pierre est en tous lieux, et que c'est une eau vive ; perpétuelle, primordiale, et qu'elle est dans toutes

---

21   Lib. x, cap. 3, n° 6 & seq.

les choses et dans toutes les maisons. Heureux qui peut bien comprendre ce secret et en user sagement. Il continue encore, et dit qu'Hermès dit que ce secret consiste dans l'eau, laquelle eau prend nourriture par le secours des hommes, et ajoute ledit Hermès toutes les choses les viles plus du monde se vendent plus chèrement que ladite eau; car elle est auprès et parmi tout le monde, et chacun a besoin d'elle; elle est auprès de chacun, et elle ne l'abandonne point, et son esprit ne la quitte pas. Abaamil en parlant de cette eau, dit qu'on la trouve en tous lieux, dans les champs, dans les vallées, dans les montagnes; qu'elle est entre les mains, et en la possession du pauvre aussi bien que du riche, du faible et du puissant; et cette parabole[22] que tous les sages approuvent, n'est que l'esprit de l'humidité, et par cette humidité mercurielle dont Sendivogius Auteur dit que toutes les créatures se nourrissent, mais invisiblement.

Voilà donc le vrai sens de la Parabole tant répétée dans les Livres chimiques, du mercure philosophique, sur le mercure ou menstrue universel qui est partout et en toutes choses. C'est aux Alchimistes de le chercher où il leur plaira, et aux plus sages de le prendre où il est plus proche.

La même chose qui a été dite du mercure, se doit aussi entendre du soufre, car sous ce nom les Philosophes entendent la chaleur du feu céleste, et qui est dans le

---

22 Dans la Parabole, après le XXIIe Traité.

centre de l'essence de tous les êtres, qui est leur âme et leur vie, quoiqu'ils font assez connaître qu'il y a un sujet dans lequel il se trouve, et sans lequel ils disent assez qu'on ne peut rien faire. Il est bien vrai qu'aucun ne le nomme, ou s'ils l'ont nommé dans quelques-uns de leurs écrits, ils l'ont placé de manière qu'il n'est presque pas possible de penser que ce sujet soit une chose nécessaire à la composition de la Pierre, quoique cependant un certain nombre de ces Philosophes aient suffisamment montré en quel lieu on trouve le soufre et le mercure minéral pour la Pierre, laissant la liberté aux creuses écrouelles de le composer et de l'extraire de tous les principes universels, ou bien de suivre ce qu'ils en ont dit, et particulièrement le sentiment de Sendivogius, qui en parle directement dans le Traité du soufre et dans le Dialogue de l'Alchimie, qu'on entendra facilement si on s'applique à ce que j'ai dis.

SEPTIÈME TRAITÉ

De quelques autres équivoques & paraboles du feu.

Comme cette science ne se peut enseigner clairement, les Philosophes ont été obligés de se servir de paraboles et d'énigmes pour la laisser deviner à ceux qui en sont curieux ; et parce que tous les hommes sont de génies différents, il y a eu des Auteurs qui l'ont traité diversement, selon le plus ou le moins de subtilité d'esprit qu'ils ont eu, qui leur a fait considérer dans cet oeuvre certaines actions de la nature que d'autres n'ont pas remarquées.

La plupart des Philosophes se sont fait un mérite de ces subtilités, car la vanité qui est naturelle à tous les hommes, nous conduit à tacher de faire paraître que nous avons plus d'esprit et plus de pénétrations que les autres, et même une habileté plus particuliers à savoir dire la vérité sous des termes que le commun des hommes n'entend pas.

Ceux qui savent l'art, entendent bien ces subtilités, parce qu'ils possèdent le mot de l'énigme ; mais ceux qui étudient pour parvenir à cette divine science, s'y trouvent bien embarrassés ; or comme les Philosophes Chimistes semblent avoir travaillé à l'envi les uns des autres à inventer de ces parabole et énigmes subtiles, j'en expliquerai quelques unes qui me paraissent les plus importantes, entre lesquelles est celle du feu.

Les Philosophes Chimistes ont plusieurs sortes de feux ; il y en a qu'ils nomment et qui sont en effet feux intrinsèques, et d'autres externes.

Les feux internes de cet art sont aussi plusieurs ; Raymond Lulle en parle de trois ; le feu naturel, le feu innaturel, et un autre qu'il appelle feu contre nature.

Le feu naturel est celui qu'on regarde comme la chaleur naturelle et interne de la matière de la Pierre, et particulièrement la chaleur interne de l'or[23], lequel étant une fois dissout, est le feu de son soufre vivifiant, qui cuit, digère et perfectionne tout l'ouvrage ; c'est pourquoi quelques Philosophes ont dit que leur ouvrage se cuisait à la chaleur du Soleil, ce que les ignorants ont pris à la lettre.

Le feu interne du mercure dissolvant le corps, est appelé chaleur innaturelle, parce qu'elle est moins naturelle à la Pierre que celle de l'or ; elle est comme le sperme féminin qui a besoin de la chaleur du mâle ; ce-

---

23   Série Testam. cap. 6.

pendant cette chaleur innaturelle devient naturelle par la digestion, et par l'action de la chaleur masculine, de même que le sperme de la femme et son sang forment et nourrissent l'enfant par le ferment du mâle.

Le feu contre nature est celui de tous les sels et autres choses qui sont contre la nature de la Pierre, et qui peuvent altérer la substance essentielle de la Pierre, et les eaux fortes qu'on en tire. Ces choses peuvent servir aux préparations de la matière de la Pierre ; mais étant contre sa nature, elles n'entrent point dans sa décoction. Cependant pour augmenter l'embarras du Lecteur, ils appellent quelquefois le mercure dissolvant *feu contre nature*, parce qu'il brise, détruit et corrompt le corps de l'or ; cependant cela est dit improprement, car l'espèce essentielle de l'or non seulement n'en est pas corrompue, mais encore c'est par sa vertu que la substance du corrupteur est convertie en feu naturel, faisant aussi partie de la Pierre et se changeant en soufre séminal. Il n'est rien plus ordinaire que de trouver dans leurs Livres, que l'eau dissolvante est un feu plus brûlant que le feu commun des fournaises, qui ne peut pas altérer l'or ; et que cette eau pénètre, liquéfie et corrompt, le changeant de forme, et de sec, dur et fixe, le faisant devenir mou, liquide et volatil. C'est pourquoi ils l'appellent quelquefois feu infernal, d'autres feu céleste, et proprement eau de feu. La puissance de ce feu interne aqueux se manifeste non seulement par la dissolution du corps de l'or, mais encore mieux par la facilité que cette eau métallique a de se transformer en soufre aurifique à l'infini ; car en arrosant et imbibant le premier soufre avec cette eau pleine de feu céleste, elle se convertit en soufre aurifique ; c'est pourquoi quelques-uns l'ont appelée eau de soufre. Le feu humide et coulant est aussi appelé bain-marie, le bain du Roi, du Soleil et de la Lune, où ils se baignent pour se nettoyer de leurs impuretés, et pour acquérir de nouvelles forces et une jeunesse immortelle.

C'est ce feu dont Trévisan parle avec tant de mystère, qu'il dit être subtil, vaporeux, digérant, continuel, environnant, aérien, clair et pur, enfermé, non coulant, altérant, pénétrant et vif.

Enfin ils ont donné le nom de feu à tout ce qui agit dans les matières qui sont enfermées dans le vaisseau ; et comme ils ont observé attentivement tous les mouvements, altérations et changements qui arrivent dans les matières dans le cours de l'oeuvre, ils ont donné le nom feu à tout ce qui cause ces mouvements, les désignant ou par les couleurs, ou par les effets sensibles qu'ils ont remarqués.

Le feu externe est un autre feu, et un des plus grands secrets de l'art, qu'ils ont aussi tâché d'envelopper et de cacher sous des énigmes ; et cependant ce n'est autre chose que le feu élémentaire que chacun, peut faire à sa manière, pourvu qu'il sache le régler suivant que les matières le requièrent, en observant exactement les degrés selon les temps. Il est certain qu'il se peut faire en différentes manières, quoique les matières soient toujours fondamentalement les mêmes ; cela dépend de l'industrie de l'Artiste ; il faut seulement que ce feu soit proportionné à l'oeuvre qu'il entreprend, et qu'il garde le régime qui est nécessaire ; le feu de charbon et celui de lampe sont les plus sûrs et commodes.

Des vaisseaux.

Le nom de vaisseau est aussi équivoque, car il y a le vaisseau de l'art et celui de la nature.

Le vaisseau de l'art est un simple vaisseau de verre, tel que la plupart des Philosophes le dépeignent, rond et ovale.

Mais le vaisseau de nature est le plus important et le plus difficile à trouver, c'est proprement le vaisseau féminin qu'on appelle *matrice*, dans laquelle le Roi doit se corrompre et répandre sa semence, pour y produire l'enfant philosophique.

Ils appellent aussi ce vaisseau naturel le vaisseau de l'art, parce que c'est le seul moyen par lequel l'art s'accomplit.

Et comme ce vaisseau est en même temps liqueur, ils appellent cette liqueur menstrue, d'autant qu'il fait le même effet de menstrue féminin, lequel donne accroissement à la semence masculine qui se change en sa nature, de même que fait celle du mâle à l'égard de celle de la femelle; c'est pourquoi les Philosophes comparent si souvent l'union de l'or et du vif-argent, au mariage et à la génération de l'homme.

Jusque sur le sceau du vaisseau ils ont fait une équivoque; car ils disent qu'il faut sceller le vaisseau hermétiquement; or le sceau d'Hermès a un double sens. Le sens littéral est de sceller le vaisseau de verre, de manière que rien de ce qui est dedans ne puisse s'évaporer; mais le sens philosophique du sceau d'Hermès est de faire en sorte que les deux mercures se joignent de celle manière, qu'ils deviennent un seul être et une seule Pierre; et c'est aussi ce qu'on appelle sceller l'enfant dans le ventre de la mère, c'est-à-dire, résoudre et enfermer l'or dans le plus profond des entrailles du mercure qui l'a produit.

Des noms de la Pierre.

La Pierre se peut considérer ou comme étant en état d'être faite, c'est-à-dire encore liquide, ou bien comme étant déjà parfaite et sèche. Dans ces deux états elle a le nom de toutes les choses auxquelles le Philosophe qui la fait peut ou veut la comparer, dans le temps qu'il l'observe, de sorte que pendant qu'elle est liquide et coulante, il l'appelle mercure; si elle s'élève en vapeurs, il l'appelle fumée, esprit, vent, air, et même feu; et si elle se précipite, il la nomme eau rosée du mois de Mai, urine, etc. et s'il voit monter ce qui est au fond sur la superficie de la matière, il l'appelle sublimations, distillations, filtrations : mais lorsqu'elle est sèche au blanc, ils la disent talc, et du nom de tous les sels, ou d'arsenic ou de marbre, et de tout ce qui est blanc. Et lorsqu'elle est rouge, ils lui donnent le nom de soufre, d'orpiment, rubis, cuivre, cinabre, et de tout ce qui peut lui ressembler. Le nom de *notre* qu'ils y ajoutent ordinairement, marque que ce n'est pas le vulgaire ; et ainsi notre soufre, notre cinabre, notre orpiment, et le reste, fait voir la différence qu'il y a du commun à celui dont ils parlent.

De quelques autres paraboles & énigmes.

Comme il serait très dangereux d'enseigner cette science nettement et naturellement, et que tous les Philosophes Chimistes qui en ont écrit, ont tâché de la faire connaître sous quelques figures ou paraboles énigmatiques, par lesquelles les sages peuvent cependant assez facilement comprendre ce qu'ils veulent dire ; j'en rapporterai quelques unes, afin que l'on voie que lorsqu'on s'applique, qu'on a du bon sens, et que l'on est initié dans les fondements naturels de la Philosophie, ces énigmes ne sont pas difficiles à expliquer, supposant que le Lecteur a lu les Livres des Philosophes, et qu'ainsi il a déjà quelque connaissance de ces énigmes.

Je ne m'étendrai pas beaucoup là-dessus, j'en rapporterai seulement quelques-unes.

Je commencerai par la parabole du Cosmopolite, qui n'est pas une des plus difficiles à entendre. Il dit qu'il y avait deux arbres du Soleil et de la Lune, qui ne pouvaient porter de fruit que par la vertu d'une certaine eau claire et blanche plus que la neige, et dans laquelle les fruits de ces arbres se liquéfiaient comme la glace dans l'eau tiède. On entend bien que Saturne qui faisait la liquéfaction de ces fruits, veut marquer la noirceur qui paraît dans le temps de la putréfaction du composé, comme tous les Philosophes le disent, et qui produit le vrai mercure philosophique de l'or, ou de l'argent. Il fait ensuite dire à Neptune que dans cet ouvrage il n'y entre rien que les fruits des arbres du Soleil et de la Lune, et l'eau philosophique ; il montre le temps, le poids et le régime. Et dans les deux Dialogues du mercure et dans celui du soufre avec l'Alchimiste, il est facile de voir quel est le mercure des Philosophes et leur soufre. Il est vrai que cet Auteur est fort subtil et captieux ; mais avec ce que j'ai dit ci-devant, il est facile d'entendre son sens, pour peu qu'on ait d'esprit.

Les figures de Flamel ne sont pas plus difficiles à entendre ; il en explique lui-même une partie, et il est aisé de comprendre que les deux bêtes qui sont dans le vaisseau de verre, l'une qui a des ailes et l'autre sans ailes, sont le fixe et le volatil, comme lui-même l'explique. Il est vrai que les figures d'Abraham Juif sont un peu plus difficiles; mais pour faire plaisir à plusieurs personnes qui ne les entendent pas, je vais mettre ici l'explication que le bon homme Vicot nous en donne.

Il y avait trois fois sept feuillets dans ce Livre, le septième duquel était toujours sans écriture; mais il y avait des figures hiéroglyphiques comme au premier, une verge avec des serpents entortillés, signifiant que mercure après la septième dépuration est venu en magistère. Cette explication est un peu obscure pour ceux qui n'ont encore que de légères lumières de la Science; mais ceux qui ont lu les Livres, et qui sont un peu Philosophes, entendent bien ce que cela veut dire. On peut encore entendre qu'après les sept semaines ou environ, par le moyen de Saturne qui est la putréfaction et noirceur des matières, les deux mercures fixe et volatil se sont joints et entortillés ensemble, comme il paraît dans ce caducée mystérieux, pour parvenir à achever le magistère.

Au deuxième septième feuillet était un serpent crucifié; c'est-à-dire que Saturne avec sa faux ayant tranché les pieds au mercure volatil par l'union du fixe, ce mercure volatil et aqueux est devenu fixe et est resté en terre; et l'un et l'autre mercure forment un serpent crucifié, dont l'arbre composé de quatre parties égales, c'est-à-dire des quatre éléments en égale portion, et ce serpent ainsi exalté dans la croix, signifie le soufre de l'or exalté en vertu.

Au troisième septième feuillet la figure représentait un désert, avec plusieurs belles fontaines d'où sortaient des serpents qui allaient de côté et d'autre. Cela signifie le nombre des dissolutions et putréfions (car les serpents marquent toujours la putréfaction) qui arrivent tant dans le cours de l'ouvrage, que celles qui se font dans la multiplication de la Pierre.

Il y a plusieurs autres figures dont Flamel parle, mais Vicot n'en parle pas, parce qu'elles sont très faciles à entendre, faisant assez clairement voir les matières et les couleurs, et ce qui arrive dans le cours de l'oeuvre, aussi bien que dans la multiplication.

La parabole, de Zachaire est plus simple, mais elle ne marque que les couleurs qui paraissent dans le vaisseau, ce qui le fait paraître trop cacher son secret, quoique quelques autres disent qu'il a déclaré l'oeuvre mot à mot dans son opuscule.

La parabole de Trévisan, de son petit Livret d'or qui tombe dans la fontaine où il se perdit, et du Roi qui vient se laver dans cette fontaine d'eau vive pendant plusieurs mois, est assez naïve pour qu'elle nous faire clairement voir quelles sont les matières de l'oeuvre. Le temps dans lequel il se parfait, et les couleurs qui paraissent dans le vaisseau sont fort bien marqués par les couleurs des Planètes dont il parle.

L'énigme qui est à la fin de la Turbe des Philosophes, n'est pas moins claire ; elle nous montre sous le nom de Bégu la blanche, mercure, et sous le nom de Gabertin le blond et resplendissant, l'or qui est son frère, c'est-à-dire d'une même origine. Le reste de l'énigme ne marque que ce qui se passe dans le vaisseau.

Or il faut remarquer que les Philosophes, et particulièrement les anciens, ont été si jaloux de cet ouvrage, qu'ils n'ont jamais osé seulement nommer les matières de la Pierre, ni même parler de leur première préparation; ils ont cru beaucoup faire de les désigner par leurs propriétés; encore ont-ils tâché d'en envelopper le sens, et voici comme par un effort de bonne foi Pythagore parle dans la Turbe.

Je vous dis que notre oeuvre a dès son commencement à besogner de deux natures, et ne font qu'une substance. L'une est chère, et l'autre est vile; l'une dure, et l'autre molle et aquatique; l'un est rouge, et l'autre est blanche; l'une est fixe, et l'autre volatile; l'une est corps, et l'autre est esprit; l'une chaude et sèche, l'autre froide et humide; l'une mâle, l'autre femelle, de grand poids, et de tris vive matière; et l'une tue l'autre, ce n'est autre chose que magnésie et soufre. Et sachez qu'au commencement l'une domine les trois parts, et l'autre qui a été tuée, commence à dominer et tuer son compagnon, quatre parts; et il s'élève des trois parts Kukul noir, l'air blanc, sel fleuri, marbre blanc, étain et Lune; et des quatre parts s'élève airain, rouille, fer, safran, et sang et pavot, (les couleurs) et l'esprit venimeux qui a dévoré son compagnon. Et sachez que l'un a besoin de l'aide de l'autre; car vous ne pouvez faire le corps dur âcre volatil et spirituel, ni pénétrant, sans l'esprit; ni aussi vous ne pouvez faire l'esprit corporel, ni fixe et demeurant sans le corps, lequel corps est rouge et mûr, et l'esprit est très froid et cru dans sa minière. Et sachez qu'entre l'eau vive et l'étain blanc et net il n'y a aucune proximité ni aucune nature sinon commune; car l'eau vive a son certain corps auquel elle se conjoint. Et sachez que celui qui n'entend pas cela, n'est qu'un âne, et jamais ne se doit mettre à cet art, car il est prédestiné de n'y jamais parvenir. Laissez homme et nature humaine, laissez volatils, pierre marine, charbon et bête brute, et prenez matière métalline.

La Turbe dit: Notre Maître sauf votre révérence, il semble que vous avez trop clair parlé; et il dit: Il nous semble, mais aux ignorants qui le leur dirait encore plus clairement, à peine l'entendraient-ils.

Ce que Pythagore dit est très vrai; car quand les Philosophes auraient écrit mot à mot et de suite matières, préparations, régime et feu, peu de personnes y auraient encore réussi, chacun d'une part ayant son sentiment dans cette science, dont on ne veut absolument pas sortir, quoique souvent on trouve un sens tout opposé au sien dans les écrits, mais on l'accommode à ce que l'on s'est une fois mis dans l'imagination. Plusieurs Auteurs ont fait ce que je viens de dire: ils ont écrit l'oeuvre et les matières mot à mot; nombre d'habiles gens les lisent tous les jours, et s'arrêtent moins à ces endroits-là qu'aux autres. Ce qu'ils trouvent dans ces mêmes Auteurs de sophistique et d'énigmatique leur convient davantage ; ils s'imaginent que c'est dans ce sens caché qu'ils doivent trouver ce qu'ils cherchent, ils s'y rompent la tête ; et lorsqu'après avoir tourné de tous les cotés ce qu'ils ont lu, ils rencontrent quelque chose qui s'accommode avec ce qu'ils pensent, ils croient, avoir trouvé tout le secret, et ne sont point en repos qu'ils n'aient, mis la main à l'oeuvre. Il y en a même qui sont si obstinés, dans leurs prévention, qu'ils recommencent un très grand nombre de fois ces fausses opérations, croyant toujours qu'ils sont dans le bon chemin, mais qu'ils ne réussissent pas à cause de quelques tours de main qu'ils n'observent pas bien, car c'est leur manière de parler.

Les Anciens aussi bien que les Modernes, mais non pas tous, ont taché de déguiser les matières ; mais pour ce qui est de leurs préparations, peu en ont parlé, et ceux qui l'ont fait, à peine ont-ils dit que ces matières avaient besoin d'être préparées ce qu'ils ont le plus caché a été la matière du dissolvant, et encore plus la manière de le rendre habile à dissoudre les corps ; ils ont laissé à l'industrie de l'Artiste de la trouver et de la mettre en cet état et comme c'est la Clef de tout l'oeuvre, ils ont tenu caché ce grand secret, comme le plus important. Ils se sont beaucoup plus étendus sur les choses qui se passent dans le vaisseau ; encore plusieurs ont-ils jugé à propos de se rendre obscurs, et de les déguiser sous une infinité d'opérations, de distillations, circulations, filtrations, sublimations, imbibitions, calcinations, et autres manipulations qui dont plus allégoriques que réelles, et qui ayant été prises à la lettre, ont donné occasion à de grandes erreurs; et c'est ce qui rend les Livres du grand Raimond Lulle si difficiles à comprendre. Cependant ces Livres sont expliqués et rendus assez clair, autant que la matière le peut permettre, par le bon Prêtre Vicot qui en parle le mieux, et avec une profondeur véritablement philosophique; mais parce que cette lecture demande l'esprit pénétrant d'un vrai Physicien, je conseille les moins éclairés de s'en tenir à ce que les Livres des Philosophes moins subtils et plus sincères nous enseignent. Ils nous disent qu'après avoir préparé les deux matières par la purification, et qu'on les a mises dans l'oeuf de verre, à la chaleur requise, il ne faut plus y toucher, mais laisser opérer nature, qui seule peut conduire l'oeuvre à sa perfection; car le volatil dissoudra le fixe en liqueur mercurielle, et passant par diverses couleurs, tout se coagulera et fixera en une poudre blanche ou rouge, selon la matière sur laquelle vous aurez travaillé, qui est la vrai Pierre laquelle poudre ou Pierre étant de nouveau imbibée de son mercure par une décoction réitérée, donnera l'Élixir, qui sera d'autant plus pénétrant et multiplicatif, que vous lui donnerez de nouvelles imbibitions. Quasi tous les bons Auteurs comme Flamel, Trévisan, D'Espagnet, Philalèthe et plusieurs autres l'enseignent sans déguisement; mais ce dernier sur-

SEPTIÈME TRAITÉ

tout a merveilleusement bien désigné et décrit tout ce qui se passe dans le vaisseau, et assez bien montré la manière de gouverner le feu; tout ce qu'on pourrait lui reprocher, c'est qu'il a par malice fait une confusion et entremêlé les deux ouvrages; de manière que, comme il le dit lui-même, ce qu'il dit de l'un, on s'imagine qu'il se passe dans l'autre, c'est-à-dire qu'il a entremêlé les signes que l'on voit dans l'oeuvre qui se fait pour la réincrudation de l'or vulgaire, avec celui qui se fait dans l'or philosophique, auquel appartiennent proprement les signes et les régimes qu'il décrit si bien, et dont on ne voit qu'un emblème dans le premier oeuvre, comme il le dit, lui-même. Mais il faut y faire attention pour développer cette confusion, et distinguer ce que nous devons faire et ce que nous devons laisser faire à la nature, car elle ne veut point être interrompue dans ses opérations. Préparez seulement, et elle fera le reste.

Plusieurs des Anciens ont dit que quand on a une fois mis les deux spermes dans le vaisseau, il ne faut plus y toucher. Cyrus dans la Turbe le fait bien entendre par l'exemple de ce qui se passe dans la génération de l'enfant dans le ventre de la mère. Je conseille le Lecteur de lire cet endroit dans la Turbe car il est fort beau et très naturel. Artéphius dit aussi dans en endroit qu'il faut mettre les matières, dans un vaisseau scellé hermétiquement, et n'y toucher ni des pieds ni des mains; quoiqu'en d'autres endroits il dise qu'il faut tirer la crème qui sera dessus la matière avec une plume, et cela pour faire perdre le fil. Trévisan dit la même chose dans sa parabole, et ajoute que l'homme le plus simple peut conduire l'oeuvre, n'ayant autre chose faire qu'à chauffer le bain où le Roi se lave pour se rajeunir. Et Flamel dit que la conduite de l'ouvrage est si simple et si ailée, qu'une femme pourrait le faire sans se détourner des plus petites de ses autres occupations; il dit,

> *Qu'une femme filant fusée*
> *N'en serait point détournée.*

En un mot tous les Auteurs sincères ont conclu à cet aphorisme, que c'est un jeu d'enfant et un ouvrage de femme, tant il est facile et que ceux qui ont décrit tant de diverses opérations, ne l'ont fait que par similitude de ce qui la nature opère toute seule dans le vaisseau, et pour que les esprits subtils aient plus de difficulté à pénétrer leur secret.

RÉCAPITULATION

Voilà ce qui me paraît de plus essentiel à savoir pour la composition de ce grand ouvrage, tant pour les matières que pour le régime et la conduite qu'on doit tenir dans sa cuisson.

Il n'est donc question que de choisir ces deux matières, c'est-à-dire l'or ou l'argent d'une part, et le vif-argent de l'autre. Il faut en premier lieu rendre ces deux substances propres à être employées, en purifiant parfaitement les corps par la coupelle ou par le départ, afin qu'il n'y reste aucun métal impur. Les uns s'en sont servis réduits en chaux, les autres l'ont pris en feuilles, afin que la dissolution soit plus aisée et plus prompte, d'autres l'ont mis en grenaille ; il est donc indifférent en quel état, pourvu que le dissolvant soit bien préparé.

Et en second lieu il faut rendre le mercure si subtil, qu'il puisse réincruder l'or, et le réduire dans sa première nature de vif-argent.

Cela arrivant, ces deux argents-vifs qui ne font pour lors qu'une seule matière, forment le mercure philosophique, qui est désigné par le caducée mystérieux du mercure entortillé par deux serpents qui semblent sa mordre ; ce qui marque la putréfaction, qui est le temps certain dans lequel se fait l'union intime.

Ces deux mercures en se cuisants et par la simple digestion, font ce que les Philosophes appellent *suc de la Lune ;* et peu à peu ils deviennent dans un certain espace du commencement de l'oeuvre, noirs, après ils prennent la couleur grise, et ensuite diverses autres couleurs ; et enfin blancs, qui est le sel ou suc de la Lune, ou la Lune des Philosophes ; et en continuant toujours la cuisson, deviennent verts, couleur de cuivre, de rouille, couleur d'or, et enfin de rubis transparent et luisant, ce qui est la quintessence séminale de l'or et le soufre des Philosophes.

Le soufre rouge se multiplie par une ou plusieurs nouvelles imbibitions, comme le répètent assez de fois les Livres des Modernes ; et enfin on le fermente avec l'or pur par la fusion de quelques heures ; ce qui se fait afin de rendre l'élixir plus fixe, qui par les imbibitions réitérées de l'esprit volatil, pourrait avoir acquis quelque volatilité.

De cette manière et par ce régime, on voit assez que le fixe devient volatil au commencement par l'union du volatil, et que dans la suite le volatil devient fixe par l'union du fixe ; et que de ces deux substances du corps et de l'esprit, il en résulte une troisième matière qui tient de la fixité du corps d'une part, et de la subtilité et pénétration de l'esprit de l'autre, qui flue comme la cire à la chaleur du feu, et qui en même temps résiste à toutes sortes de feux, qui se mêle intimement avec le mercure vulgaire et avec le mercure de tous les métaux, qui n'est autre que le mercure vulgaire qui a changé sa forme, lui donnant sa fixité et sa teinture aurifique ou argentifique, suivant le soufre blanc ou rouge dont vous vous êtes servi.

Et comme ces choses sont traitées assez au long et assez clairement dans les Livres des Philosophes, que chacun a la liberté de lire si bon lui semble, je crois qu'il est inutile d'en dire davantage ; je craindrais même de devenir ennuyeux.

Des préparations des métaux & mercure.

Quant à la préparation des métaux parfaits, il est certain qu'il en faut séparer tout métal imparfait, et les bien purifier. Aucun Auteur n'a parlé de la manière de les purifier ; le seul Philalèthe parle d'un certain or philosophique qu'il dit tirer de son même mercure préparé, mais je n'ai lu aucun Philosophe que lui qui en parle.

Il est cependant vrai que Paracelse dans sa clef des Archidoxes parle aussi d'une préparation d'or dans laquelle il introduit une manière de mercure philosophique pour l'ouvrir; mais la préparation de ce même mercure est très difficile et longue, et encore plus la manière dont il en parle très obscure, aussi bien que sa réincrudation ou préparation d'or vulgaire.

Quant à la première préparation ou purification du mercure vulgaire, les Anciens qui n'ont seulement pas osé dire nettement que cet esprit était le vrai dissolvant de l'or, sont bien éloignés d'en enseigner la préparation : ce qu'ils ont très sagement fait, car sachant la manière de le préparer, le reste n'est plus rien.

Le seul Geber dit que c'est par la sublimation qu'on peut le purifier de ses impuretés terrestres et grossières, et que c'est par ce seul moyen qu'on peut avoir sa moyenne substance pure.

Mais plusieurs l'ont sublimé, et un très grand nombre de fois, sans que cela ait produit l'effet qu'ils en attendaient; c'est qu'ils ignoraient les matières convenables et nécessaires pour faire, sublimation.

Quelques habiles gens ont cru qu'on y pouvait parvenir par les essences de certains sels et par quelque soufre; mais on ne voit personne qui l'ait fait ainsi; ou si quelqu'un y a réussi par ces moyens, ils ne l'ont point encore déclaré.

Plusieurs conviennent qu'il y a plusieurs moyens de faire cette purification, et même de faire la Pierre; mais quand cela serait, il faudrait toujours que les matières essentielles soient les mêmes, c'est-à-dire le corps parfait et le vif-argent.

RÉCAPITULATION

Ce qui le pourrait persuader ce serait entre autres les Livres des Expériences de Raymond Lulle, les tours de main, et le Livre des teintures de Basile Valentin, les Ouvrages de Riplée, de Parisinus, et autres Auteurs de l'École de Raymond Lulle, et surtout de Paracelse, et en dernier lieu de Philalèthe. Il se pourrait que les Modernes aient perfectionné cet art, en trouvant des manières plus faciles et plus promptes, étant aisé de perfectionner un art quand on le sait.

Quoiqu'il en soit, je conseille à tout homme curieux de cette science, de ne s'en point mêler, s'il n'est bien instruit des principes, s'il n'est savant dans la Philosophie naturelle, et s'il n'a la pratique manuelle de la Chimie, ou du moins quelque bon Artiste qui exécute sans entêtement et sans obstination ce qu'il lui ordonnera; il faut même auparavant qu'il acquière une connaissance parfaite des métaux et des minéraux, qu'il lise les bons Auteurs, et surtout pour les fondements de l'art, les Livres du profond Philosophe Geber, qu'Arnaud de Villeneuve appelle toujours du nom de Maître des Maîtres; qu'il ne sorte en nulle manière du genre métallique, comme font les trois quarts et demi des gens qui travaillent.

Cela me fait souvenir d'un Prêtre que je connais, homme fort entêté dans ses sentiments, qui se croyant habile et voulant faire la Pierre, ligué avec quelque autre d'un génie pareil au sien, s'étant imaginé y parvenir par le salpêtre, mais croyant qu'il ne fallait pas un salpêtre profane, il s'avisa lui et ses compatriotes, de le prendre aux piliers de la Paroisse où il était habitué. Par une superstition d'autant plus condamnable qu'il était revêtu d'un caractère qui ne doit être possédé que par des personnes exemptes de ces faiblesses, lui et ses associés, se mirent dans l'esprit je ne sais sur quel fondement ni dans quel Auteur ils avaient trouvé ce procédé, car j'avoue sincèrement n'en avoir jamais lu un tels ; ils se mirent, dis-je, dans l'esprit que ce salpêtre ne devait être pris que dans le temps de l'ablution, encore fallait-il que ce fut pendant la grande Messe de Paroisse, et avec cette précaution, qu'il ne fallait point le toucher en nulle manière de sorte qu'apparemment pour satisfaire à cet Auteur qui leur enseignait de prendre de la terre vierge qui n'eût jamais été touchée, ou à leur folle imagination, ce Prêtre se chargea de ce soin ; il se munit d'un petit matras, d'un gant neuf et d'un petit couteau de même, toutes lesquelles choses n'avaient encore servi à rien, et prit le moment de l'ablution pour gratter le pilier, et faire tomber ce prétendu salpêtre, dans le matras sans y toucher ; après quoi, je crois, avec la même dévotion ou plutôt la même superstition, ils mirent ce matras en digestion, ou sans doute il est encore, et y restera longtemps. Si on pouvait savoir toutes les folies qui se font sur ce sujet, on serait souvent surpris de voir des gens, même qui passent pour être de bon sens, faire des choses aussi éloignées de la raison que celle dont je viens de parler. Il faut éviter ces sortes de personnes, aussi bien que ces souffleurs et leurs particuliers (qui font des recettes qu'ils disent avoir, qui m'ont causé autrefois à moi et à beaucoup d'autres, de grandes dépenses, et en causent tous les jours à ceux qui veulent donner dans les opérations chimériques, par où on commence ordinairement avant que de s'attacher aux principes philosophiques, par lesquels on connaît qu'il n'y a qu'un seul art qui soit véritable, sans lequel on ne peut faire aucune transmutation de métal imparfait en métal parfait; et que comme sans le tronc de l'arbre on ne peut avoir de fruit, de même sans le tronc et la racine de la Pierre on ne peut, rien produire qui lui ressemble.

FIN.

TABLE DES TRAITÉS

PRÉFACE VII
AVIS XIII

Les Secrets les plus cachés de la Philosophie des
    Anciens 15
PREMIER TRAITÉ — *Des semences métalliques* . . 59
DEUXIÈME TRAITÉ — *La manière d'extraire
    les essences séminales des corps des trois
    règnes, végétal, animal & minéral, pour la
    Médecine* 93
    De l'extraction des essences minérales 104
    De l'extraction des essences métalliques 105
TROISIÈME TRAITÉ — *S'il se peut trouver une
    Médecine universelle contre toutes sortes de
    maladies: Quelle peut être la matière dont
    on peut l'extraire, & de quel moyen on peut
    se servir pour la composer; Et savoir si cette
    Médecine peut changer les mercures des
    métaux imparfaits en véritable or & argent* . 109
QUATRIÈME TRAITÉ — *De la manière
    d'extraire la véritable & pure essence de l'or
    & de l'argent, pour en faire ce qu'on appelle
    Grand Œuvre, ou Pierre Philosophale* 119

CINQUIÈME TRAITÉ — *Du Mercure & de l'Or Philosophique* 149
SIXIÈME TRAITÉ — *Explication des Énigmes & Paraboles des Philosophes avec les préparations des matières qui entrent dans le Grand Œuvre, & les régimes de la Pierre Philosophique, avec un Traité des feux & des vaisseaux* 161
SEPTIÈME TRAITÉ — *De quelques autres équivoques & paraboles du feu* 179
Des vaisseaux. 183
Des noms de la Pierre 184
De quelques autres paraboles & énigmes 185
RÉCAPITULATION 195
Des préparations des métaux & mercure 197

www.ingramcontent.com/pod-product-compliance
Lightning Source LLC
Chambersburg PA
CBHW060519100426
42743CB00009B/1384